# 特殊音乐教育方法与实践研究

钱雪莲　杨成栋◎著

吉林出版集团股份有限公司
全国百佳图书出版单位

## 图书在版编目（CIP）数据

特殊音乐教育方法与实践研究 / 钱雪莲, 杨成栋著. — 长春：吉林出版集团股份有限公司, 2024.3
　ISBN 978-7-5731-3869-9

　Ⅰ.①特… Ⅱ.①钱… ②杨… Ⅲ.①儿童教育—特殊教育—音乐教育 Ⅳ.①G76

中国国家版本馆CIP数据核字(2023)第132744号

TESHU YINYUE JIAOYU FANGFA YU SHIJIAN YANJIU
## 特殊音乐教育方法与实践研究

著　　者：钱雪莲　杨成栋
责任编辑：盛　楠
出　　版：吉林出版集团股份有限公司
发　　行：吉林出版集团青少年书刊发行有限公司
地　　址：吉林省长春市福祉大路5788号
邮政编码：130118
电　　话：0431-81629808
印　　刷：长春市华远印务有限公司
版　　次：2024年3月第1版
印　　次：2024年3月第1次印刷
开　　本：710 mm × 1000 mm　　 1/16
印　　张：13.5
字　　数：204千字
书　　号：ISBN 978-7-5731-3869-9
定　　价：78.00元

版权所有　翻印必究

# 前　言

随着社会经济、文化和科技的飞速发展，教育越来越为人们所关注，其中音乐教育与特殊教育作为教育学中的两个独立学科也处于不断的发展和完善当中。特殊音乐教育作为特殊教育与音乐教育的一门交叉性综合学科，在当代教育领域中的地位无可替代，但同时它也是一个新兴学科，对其的研究还比较薄弱，长期得不到充分发展。

本书共九个章节。第一章从音乐教育的地位和重要性、西方音乐教育发展脉络、我国音乐教育起源与发展、音乐教育体系进行论述；第二章介绍了音乐教育的特征和价值功能、音乐在特殊教育中的作用与意义、普通音乐教育与特殊音乐教育的区别和联系；第三章从特殊音乐教育的概念、内涵和价值对特殊音乐教育进行了介绍；第四章从盲人音乐学校、聋人音乐学校、培智学校和普通高校四个方面分析了特殊音乐教育的现状；第五章研究了智障儿童音乐教育的情况及音乐在智障儿童康复训练中的应用；第六章从视障儿童音乐教育的意义、视障儿童的生活技能训练、视障儿童的音乐审美教育等方面研究了视障儿童音乐教育情况；第七章从融合教育、律动教育、康复训练及音乐治疗方面研究了听障儿童音乐教育；第八章从孤独症儿童的行为分析、协调能力发展、音乐教育策略等方面研究了孤独症儿童的音乐教育；第九章对特殊音乐教育面临的困境和出路进行了分析及研究。

笔者在撰写本书的过程中，查阅了大量的文献资料，在此对相关文献资料的作者表示真诚的感谢。由于时间和精力有限，本书可能存在不妥之处，敬请广大读者和各位同行予以批评指正。

黑龙江省教育厅基本科研业务项目"音乐对特殊素质干预研究"（YWK1023620304）绥化学院学术著作出版基金资助

# 目　　录

第一章　音乐教育概述 ················································· 1
　第一节　音乐在教育中的地位和重要性 ··························· 3
　第二节　西方音乐教育的发展脉络 ································· 10
　第三节　我国音乐教育的起源与发展 ······························ 17
　第四节　音乐教育体系 ·············································· 22

第二章　音乐教育与特殊音乐教育 ··································· 29
　第一节　音乐教育的特征与价值功能 ······························ 31
　第二节　音乐教育在特殊教育中的作用与意义 ··················· 38
　第三节　普通音乐教育与特殊音乐教育的区别与联系 ··········· 44

第三章　特殊音乐教育概述 ············································ 53
　第一节　特殊音乐教育的概念 ······································ 55
　第二节　特殊音乐教育的内涵 ······································ 59
　第三节　特殊音乐教育的价值 ······································ 65

第四章　特殊音乐教育现状 ············································ 71
　第一节　盲人学校的音乐教育 ······································ 73
　第二节　聋人学校的音乐教育 ······································ 82
　第三节　培智学校的音乐教育 ······································ 88
　第四节　普通高校特殊音乐教育现状 ······························ 94

第五章　智障儿童的特殊音乐教育 ··································· 101
　第一节　智障儿童学习兴趣的培养 ································ 103
　第二节　智障儿童音乐教育的价值及教学策略 ··················· 106

### 第三节　音乐在智障儿童教育中的应用 …………………………… 115
## 第六章　视障儿童的特殊音乐教育 ……………………………………… 119
### 第一节　视障儿童音乐教育的意义 ………………………………… 121
### 第二节　视障儿童的音乐审美教育 ………………………………… 126
### 第三节　视障儿童音乐教育存在的问题与发展策略 ……………… 133
## 第七章　听障儿童的特殊音乐教育 ……………………………………… 139
### 第一节　听障儿童的融合教育 ……………………………………… 141
### 第二节　听障儿童的律动教育 ……………………………………… 147
### 第三节　音乐治疗与听障儿童康复 ………………………………… 152
## 第八章　孤独症儿童的特殊音乐教育 …………………………………… 157
### 第一节　孤独症儿童的行为分析 …………………………………… 159
### 第二节　孤独症儿童协调能力发展机制 …………………………… 165
### 第三节　孤独症儿童音乐教育策略 ………………………………… 168
### 第四节　音乐治疗与孤独症儿童康复训练 ………………………… 177
## 第九章　特殊音乐教育的困境与出路 …………………………………… 183
### 第一节　特殊音乐教育面临的问题 ………………………………… 185
### 第二节　培智特殊音乐教学的创新发展 …………………………… 190
### 第三节　特殊儿童音乐教育实践策略 ……………………………… 196
## 参考文献 …………………………………………………………………… 203

# 第一章 音乐教育概述

## 第一节　音乐在教育中的地位和重要性

音乐的概念已经在全世界范围内普及，在全球化、信息化的时代，音乐教育的重要性更加突出。对音乐表象的积累，以及对音乐艺术形象的情感体验决定了人对音乐的感受和理解。而教育则是根据社会的发展需求，按照一定的计划，有组织地对教育者造成影响。正因为如此，音乐教育对被教育者音乐感知能力的培养至关重要，占据着不可取代的地位。

随着社会的发展，人们愈来愈重视音乐在教育中的作用。音乐是素质教育整体结构中不可缺少的重要内容和实施途径，肩负着实现人的主体性发展的重任。音乐可以向被教育者传递作曲家的真实情感，促进被教育者生成创造性思维和积淀民族情感。音乐本身强调实践性，这门艺术集传统文化、思想内涵、知识技能于一体，有助于教育者探索新的教育路径。音乐强调自我发挥、自我展现，这与教育的目标不谋而合。音乐通过调动学生的积极性，可以使教育获得长足的发展。音乐是一种具有普及性的艺术，所有人都可以从音乐中有所体会。这一特性有助于实现教育的均衡性。积极的音乐可以弥补单调的、枯燥的理论教育，在一定程度上消解被教育者的消极心理，有些音乐还可以提高教育集体的凝聚力。音乐独具的细腻特点能够准确地反映教育者和作曲家想要传达的情感，有利于提高被教育者的审美品位，改善被教育者的心态和生活方式，使之能调整心情面对新的挑战。

在教育中，音乐有助于提升教育的层次。教育的最终目标是培养适应时代发展的人才，衡量人才的标准之一便是其是否达到了真善美，即人才是否具有良好的道德素质、智慧素质和审美素质。也就是说，教育的最终目标要落在智育和德育上。德育是让被教育者重视事物发展的客观规律，引导被教育者拥有正确的价值观、人生观和世界观。被教育者通过德育能够有改变世界的意识，能够抵制不正确的思想。德育已经成为当前教育的重要内容，对道德的判断也包含思想思维、意志品质、情感品德等方面的指标。教育强调被教育者应该自觉地提升自身的素质，遵守法律法规，保持知行合一的态度，拥有良好的个人举止，从而使社会实现更高水平的进步。重视音乐教育可以实现德育的目的，在了解、掌握、审美三个阶段促使被教育者达到德育的目的。音乐能够在整体上促进被教育者的心理健康，塑造较为完美的人格和个性。音乐具有内在的感染力，能够发挥其他教育手段无法与之相比的效力。音乐通过陶冶人的情操使被教育者自发地做出更多善行，提升被教育者的精神觉悟。被教育者从艺术的角度理解和感受音乐，从而提升其了解、欣赏美的基本素养，使其有能力观察、体验音乐，进而创造具有深层次美感的音乐，最终养成具有个性的审美能力。如果这种审美能力能够融入个人思想体系，将会形成一种与以往陈旧的精神面貌截然相反的状态，即一种完善自身、创造世界的思想态度。音乐有不同的形式，被教育者的精神世界可以从不同的音乐形式中被熏陶、提炼，从而使其审美意境得到升华。经过较长时间的发展，被教育者能够自觉地寻求崇高的精神理想，从而促进德育工作的开展。音乐是一种教育手段，将强制性的教育内容逐渐变为被教育者自身的意愿，实现最高层次的教育目标，音乐更是一种抽象的素质教育，可以使教育的"真""善"提升至"美"的层次，即提升教育的层次。

以流行音乐为例，流行音乐作为通俗音乐蕴含了人们的生活意识和审美取向，是人们对生活理解的艺术性表达，具有社会意义。在教育中添加流行音乐的内容，意味着将新的思想注入被教育者的内心，有助于引导被教育者转变思想，将个人视角延伸至社会，拥有更广阔的襟怀。再以民族音乐为例，民族音乐是不同民族的文化在历史长河中的积淀，印刻着不同国家不同地区的人们的生活经验、审美视角和思维观念，其中蕴含着丰富的人文情怀。将民族音乐引入教育，其音乐内容和音乐形式有助于传播民族文化，使被教育者感受民族文化的多样性及个性。从民族音乐中还可以感悟到积极、坚韧的民族精神，可以激发被教育者内心的民族自豪感，树立更加牢固的民族自信心。

在幼儿教育中，音乐的地位更是不言而喻。音乐不仅可以刺激幼儿的中枢系统，为幼儿的成长建立坚实的物质基础，还可以让幼儿通过演奏乐器、参加音乐表演增进发音器官和呼吸器官的健康，提升血管、内脏及内分泌器官的健康，保证幼儿拥有健康的体魄。实际上，人的听觉器官可以在使用中获得发展。也就是说，对幼儿进行音乐教育可以提高其辨别声音的能力，促进幼儿提升听觉的敏锐程度。听觉系统往往与记忆系统相联系，音乐可以帮助幼儿记忆、认识乐音特征，从而提升记忆力。幼儿对节奏的体验能够激发幼儿在声音方面的敏感度，促使其愿意聆听物质环境的声音，有助于提升幼儿的感知能力。幼儿时期是人类成长的关键时期，在这一阶段培养稳定、积极的情感十分必要，音乐则可以教育幼儿追求真善美，与他人产生情感共鸣。很多音乐活动是集体行为，也就是说，是一种人与人合作完成的活动，这一特性可以帮助幼儿与他人建立联系，在合作中感受到快乐，培养其与人合作的意愿，增强其交往技能和尊重他人的态度，从而实现对幼儿人格的教育。

近年来，我国越来越重视音乐教育，强调音乐在教育中的重要地位和作用。音乐教育让更多人了解中国特色传统音乐、民族音乐，也帮助更多人接触国外音乐。将音乐融入教育，有助于被教育者音乐涵养的提升及其爱国主义思想的培养。同时，对其形成良好的审美意识、提升鉴别美的能力也有一定的帮助。不论是在生理学的角度，还是在心理学的角度，选择适当的音乐节奏可以帮助人体调节生理节律。而一些体育项目，如艺术体操、花样滑冰、舞蹈等都难以与音乐割裂开来，音乐有助于激励被教育者的情绪，更好地体现体育教育的美。将音乐与体育教育结合，可以提高体育教育的教学质量。音乐在劳动技术教育方面也可以发挥作用，在劳动技术教育时使用激昂的音乐进行伴奏，能够提高体力劳动的效率，加强被教育者的劳动观念。将音乐与思想政治教育相结合，帮助被教育者学会鉴别具有美的行为，帮助其掌握创造美的各种技能，帮助教育者探索思想政治教育的新路径，即在思想政治教育中，可以不再采用灌输式的教育方式，而是选择用音乐熏陶被教育者的内心，提升被教育者的文化艺术修养，使其发展健康的个性。音乐的特点在于它不是强制性的，可以潜移默化地培养被教育者的爱好，激发被教育者的兴趣，帮助其辨别是非善恶，树立正确的人生观、价值观和世界观。

一般而言，音乐在教育中的重要性表现为以下几点：

## 一、音乐影响教育的特点

教育受多方面因素的影响，在不同的时代、不同的国家，影响因素也不同，可能是经济变化改变教育的发展速度和规模，也可能是政治因素转变教育的性质和发展方向。而音乐也会影响教育，这种影响主要通过作用于人的意识形态来发挥作用，即作用于人的价值观、世界观及教育观等方面。这也就意味着音乐对教育的影响作用存在间接性、潜在性和隐蔽性。音乐可以在语言和知觉方面对人产生刺激。在更为抽象的意义上，音乐可以超越人的语言，富于变化的旋律和音调使音乐本身更具有趣味性，更能吸引被教育者的注意力，调动被教育者学习的积极性，从而提升教育的质量。

在物理教育、数学教育中，很多理论都强调物质内部的和谐，探讨潜在的守恒原理。音乐本身的和谐性质促进教育走向形而上的思辨，最后达成人的性格、价值和获取知识之间的和谐统一。音乐在节奏和旋律上追求和谐，在古典音乐中更是严格地遵守一整套法则，其创作要求调式的和谐，同时又要求与其表演形式相协调。这就要求音乐主体——人本身心理机能和身体机能的有机统一。音乐对人的自然涵养发挥作用，在"乐和"的层面上实现身心和谐，进而拓展人的社会属性，促进人与人和谐地进行交往。

从影响方式和影响途径两方面来说，音乐既对教育产生社会舆论、社会意识两方面的影响，也会对受教育者的心理结构产生影响。与其他显著、直接的影响因素不同，对教育产生隐性影响的音乐作用更加持久，也更加深刻。自秦汉以后，我国的音乐教育常常被阻隔在官学体制之外。对其实质进行探究，是因为音乐文化易对受教育者产生心理影响，一旦产生社会舆论和文化合力，将会增加教育改革的概率。

从影响的范围来说，音乐在教育领域产生了广泛的影响。音乐除了会渗透在教育内容和教育观念中，还会对教材和教学体制产生影响，在道德建设领域发挥作用，并改变教学方法和教学组织形式。

## 二、音乐影响教育的内容

### （一）音乐制约教育的内容

一般来说，对社会文化的选择即对教育内容的选择，而社会生活中人所应该具备的技术和知识也必须经由教育进行传递。由此可见，社会文化与学校教育中的理论知识与道德规范密不可分。而音乐是社会文化中的重要组成部分，也因此会对教育本身的内容造成影响。

### （二）音乐制约基本教育观念

音乐是生活在某种环境中的人们形成的最基本的、较为一致的信念，这种信念与自然、社会和人紧密相关，并带有一定的差异性。音乐文化是一种抽象的概念，但它是人观念的沉淀，会作用于思想意识并对其产生深刻的影响。而教育观念是育才观、教学观、方法观等的外在表现，也就是说，教育观念是教育者对教育的看法，是一种思想意识。因此，音乐文化会直接作用于教育观念，并对其进行制约。

### （三）音乐制约教育的模式

音乐是由各种文化特质组成的，受信仰、风俗和习惯的影响。长期受文化特质影响的音乐显现出突出的个性，会对教育模式产生较强的制约力。教育模式必须与音乐文化相适应，并随社会发展不断进行调整，面对多元化的音乐，教育模式也必须更加开放、多样。

## 三、音乐影响被教育者

### （一）音乐可以提高被教育者的审美能力，开发被教育者的智力

不同时代、不同国家对人才的要求大同小异。21世纪是全球化的时代，这要求素质教育体制更深入地进行革新，对人的审美素质的培养要求也越来越高。而从古至今，从国内至国外，音乐都是美的重要组成部分。这种美会对被教育者的心灵产生影响。

首先，被教育者会在教育中直接接触音乐，这也意味着音乐会在实际教育中影响被教育者的审美，帮助被教育者提高审美能力，实现其心灵的净化，

帮助其塑造较为完善的人格。音乐可以帮助被教育者提高理性审美能力，透过音乐的本质，探究音阶、调式的变化，探索音乐结构和声乐原理的最终奥秘。音乐还可以与机械设计、数列、声学等教育进行有机的结合，深层次的音乐美有助于被教育者形成科学系统的理论体系，形成逻辑严密的理性思维。音乐同样可以帮助被教育者实现非理性审美，它能够凭借自身独一无二的感染力将被教育者带入不同于现实世界的意象空间，追求形而上的化境。在音乐中，被教育者的情感知觉和理想意念都可以被唤醒，这种直觉的、无意识的想象更加自由，能够使被教育者闪现灵感，提升教育的整体效果。

其次，音乐是在漫长的历史演变中积淀下来的美，在教育中传递音乐，可以使被教育者了解美学发展的历史脉络，培养被教育者的审美情趣。

再次，音乐往往会带有地域风格，会与国家文化连接，在音乐教育中可以渗透爱国教育，使被教育者拥有爱国情怀，珍惜祖国的大好河山，增强民族自豪感。

最后，音乐技能必须经由长期的培训获得，因此可以培养被教育者的耐心。目前，音乐因其独特的心灵重塑作用在心理治疗领域发挥着重要的作用。与之相似，音乐在教育中也会发挥相同的作用，调节人的心理活动，促进被教育者的身心健康发展。旋律舒缓、较为优美的音乐可以让被教育者有轻松的心理感受，能够有效地缓解其紧张、忧伤的心理状态。

霍华德·加德纳（Howard Gardner）在多元智能理论中将音乐智能概述为个人感受音乐的能力，这种能力还表现在唱歌、作曲及演奏等方面。开发音乐智能有助于开发智力，有助于被教育者形成抽象思维，激发被教育者的求知欲，提升其学习能力。不同的旋律和节奏可以刺激人的神经系统，可以完善大脑的成熟度，加快人脑的新陈代谢，从而影响脑干、小脑及血液循环系统，提升被教育者的认知能力。

### （二）音乐可以培养被教育者的感情、创造力和想象力

音乐是人类直接表达感情的手段，可以将人内心的思想传达给他人。音乐通过"情"与"美"影响教育，勾起人直观的情感和体验。音乐促进被教育者用感性的眼光看待世界，容易与他人共情，帮助被教育者更好地从他人的视

角看待问题，有助于培养被教育者的爱心。

音乐是富有变化特征的美学，被教育者可以在教育中获得创造力。音乐是不断变化的艺术，其中注入了音乐家的想象力和创造力，这种想象力和创造力也会反作用于听众。在教育中，音乐可以帮助被教育者冲破常规的思维方式，以更新颖的角度看待问题，发挥个人的想象。被教育者往往会根据音乐节奏和音乐音调的变化联想到不同的音乐场景，尤其是在故事中融入音乐可以很好地将被教育者带入情境，有助于被教育者养成创新思维，推动教育的进步。

### （三）音乐提高被教育者的素质和学习能力

音乐可以潜移默化地影响被教育者的道德观，从而影响其道德情操的培养和意志品质的塑造。瓦里西·亚历山德罗维奇·苏霍姆林斯基（Василий Александрович Сухомлинский）认为音乐的灵魂就是其道德内容，而道德内容也是音乐存在的意义。道德素质的培养不仅包括正确的政治方向，还有高尚的思想情操。音乐通过隐性的、胜过言语的表现能力，摆脱呆板枯燥的教育方式，让被教育者在音乐塑造的氛围中受到熏陶，从而提高被教育者的道德素质。同时，音乐除了可提高被教育者的道德素质，还会提高其心理素质。音乐可以培养被教育者的毅力和豁达的个性，帮助被教育者塑造适应社会环境和社会生活的心理。

除此之外，音乐作为抽象的美学艺术，可以通过符号等艺术形象刺激人的神经系统，这种形象、直观的表达可使被教育者更好地接受外界信息。被教育者在音乐中更容易集中注意力，强化记忆力，更容易接受音乐知识和其他学科知识，进一步提升教育的水平，提高被教育者自身的能力。

### （四）培养被教育者的肢体协调能力

除了知识的接纳，体魄的强化也是教育的重要内容。与音乐相结合的教育内容可以在一定程度上帮助被教育者培养其肢体协调能力。一般而言，与音乐相结合的教育内容往往能够刺激被教育者的中枢神经系统，能够锻炼他们的反射神经，使其灵活地运用大脑与手脚。有研究表明，音乐可以平衡左右大脑功能，加速协调肢体和大脑的发育。音乐中的演唱、演奏等行为也会增强人的心肺功能，实现人的体魄的强健。

## 第二节　西方音乐教育的发展脉络

在技术信息时代，音乐文化出现全球化的趋势，音乐教育也向多元化的方向发展。西方国家的音乐教育对音乐文化本身有杰出的贡献，至今也依然在世界音乐教育领域发挥作用。因此，通过审视西方国家音乐教育，找寻中西音乐教育的交会点，从更加专业的视角进行音乐教育十分必要。

### 一、德国音乐教育发展

#### （一）中世纪时期

中世纪时的德国人认为在宇宙、音乐和人之间存在着和谐关系，而上帝被视作三者之间和谐关系的创造者。因此，此时的德国音乐教育基本为教授礼拜音乐（Gtotesdienst musik），即为上帝服务的音乐。这种音乐也被称为格列高利圣咏（Gregorian chant），旋律音调没有较大的起伏，音域也并不广阔。在这一时间段，德国出现了最早的以音乐的形式教授拉丁语的学校，音乐教育也承担着传播和发展基督教文化的重要责任。

#### （二）16—19世纪末

在16—19世纪末这段时间中，欧洲范围内发生了一场资产阶级和人民大众的反教会、反封建的思想解放运动，即启蒙运动。音乐成为表现艺术（ausdruckskunst），即提倡音乐摆脱宗教的束缚，仅展现人本身的情感，正式成为一种情感语言。在这一阶段，印刷技术得到发展，利用书面语言进行音乐教育的方式开始推广。19世纪，德国的国民学校开设"学校歌唱课"，课程按照难易程度划分等级，但仍然以教会歌曲和一些歌颂祖国的歌曲作为课程的主要内容，但这种音乐教育与艺术音乐大相径庭，甚至与启蒙运动的初衷背离。

#### （三）20世纪

在20世纪，德国音乐教育发生了里程碑式的变革。学校歌唱课得以普及，同时出现了以奥古斯特·哈尔姆（August Halm）为领军者的新的音乐学。1914年之前，德国教育家对音乐教育的方法进行了革新，认为被教育者必须通过听力训练获得更好的歌唱效果。1918年后，也就是第一次世界大战之后，安抚人的心灵的音乐受到重视，音乐课的地位也因此而提高。音乐教师需要像其他科目的教师一样接受正规的培训，培训在专门的音乐学院（Konservatorien）进行。1925年，以20世纪初社会、文化革新为背景的德国音乐教育第二次改革正式拉开帷幕，这场音乐教育运动的领导者来奥·克斯腾贝格（Leo Kestenberg）提出每一个德国人都应该接受音乐教育。

第二次世界大战爆发后，德国音乐教育的脚步并未停止，音乐教育家反而更深刻地反思音乐教育。这一时期的音乐学彻底地批判了集体音乐，1954年，泰奥多尔·W.阿多诺（Theodor W. Adorno）在《反音乐教育学音乐之论纲》中提出音乐教育应该引导人们对音乐本身进行思考。

20世纪70—80年代，德国在音乐教育领域进行了许多新的尝试，并将不同形式的音乐引入课堂。为了克服此前的"片面性"，音乐教育采取了新的动态教学方法，即不再仅从一般学科的教学理论出发，而是从创作出发，用舞蹈、图形等方式表现音乐，加深被教育者对音乐的了解。卡尔海因兹·斯托克豪森（Karlheinz Stockhausen）认为应该保护各种类型的音乐风格和形态，强调"世界音乐观"，这也使得这一时期的音乐教育者致力于拯救世界各地的音乐。而多元文化音乐教育也帮助德国引导本国被教育者接纳新思想，适应新的国际变化。

20世纪80—90年代，特殊音乐教育学者伊姆加德·默克特博士（Dr. Irmgard Merkt）认为应该通过音乐教育使不同民族之间进行对话。音乐教育从认知出发，影响文化和被教育者的价值观，在此基础上，加入器乐教学。在孩子们进入青春期之前，音乐鉴赏能培养他们基本的音乐素养。这一时期，许多新的音乐教育思想相互碰撞，革新了19世纪末音乐的风格，并通过集体的歌唱活动传播富有朝气和创造力的歌曲。与此同时，录制古典音乐大师的作品进行音乐鉴赏也成为音乐教育的主流。保证普通学校中音乐课拥有与其他学科平等的地位，积极地开展音乐活动，为此后德国音乐教育的发展奠定了良好的基础。

### （四）21世纪以来

进入21世纪，德国音乐教育工作者对音乐教育的认知更加全面，对音乐文化有更加包容的态度。同时，随着信息技术的普及，音乐教育更注重使用现代技术教授音乐知识，并从实际的音乐教育中总结经验，尝试更加有效的音乐教育方式。除此之外，德国音乐教育工作者开始反思音乐教育工作中存在的问题，开始提倡跨学科音乐教育。德国的音乐教育不仅为德国被教育者补充必要的音乐知识，还帮助他们认知更多元的文化，提升其思考能力和理解能力，是极其重要的学科教育。

## 二、英国音乐教育发展

### （一）20世纪30年代之前

19世纪初，英国正式开展学校音乐教育，但仅为单一的唱歌课程，并没有将器乐教育纳入课程。20世纪初期，音乐教育逐渐向器乐教育发展，但它仍然是富庶家庭才可以接触的课程。直至20世纪30年代，英国音乐教育才有了实质性的进展。在这一阶段中，无线电广播和留声机逐渐发展，促使英国音乐教育改变了其教授的内容和方式。音乐教育工作者可以借助留声机分段或整首解析弦乐作品，并从更加专业的音乐形态和结构等方面讲解音乐。这种教学方式打破了仅通过聆听体会音乐的桎梏，让更多具有鉴赏能力和批判性思维的被教育者脱颖而出。除此之外，英国音乐教育中还添加了乐谱教学的内容，令音乐教育更加专业化，被教育者也拥有了更好的音乐品位。这一时期关键的音乐教育评估环节并不全面和系统，一般不将器乐考核纳入最终评价。

### （二）20世纪40—70年代

第二次世界大战未对英国的音乐教育产生较大的消极影响，战争带来的精神创伤反而使人们更加重视音乐教育的社会功能。20世纪40—50年代，许多学校更加强调音乐教育，并举办校园音乐会或组织被教育者参加音乐会训练音乐技巧，音乐教育的社会影响逐渐扩大。音乐能力测量的潮流也在此时被掀起，即通过对少年儿童音乐能力的判断，有针对性地为其提供音乐教育课程，但这并不意味着将没有音乐能力的被教育者从音乐教育中剥离，而是通过更加深远的音乐习惯、兴趣等方面的培养，最大限度地提升他们的音乐水平。

20世纪60—70年代，新的音乐思潮涌入英国本土，英国音乐教育开始尝试将新的先锋派音乐引入课堂，并逐渐开设作曲课程。美国先锋派古典音乐作曲家约翰·米尔顿·凯奇（John Milton Cage Jr.）的音乐思想影响了英国音乐教育，这一阶段的音乐教育提倡不按照步骤即兴作曲，运用沉默或噪声广泛地制作音乐。在教学实践中，培养各年龄段的儿童自主创造音乐，注重探索结构音乐，并使更多专业的作曲家进入课堂教学。一些音乐教师对音乐教育进行反思，通过音乐教育帮助被教育者发挥想象力，获得更有价值的体验。

### （三）20世纪70—80年代

20世纪70—80年代，音乐心理学在英国普及。英国音乐教育者开始从更加专业的教育学视角审视音乐教学。CLASP音乐教学模式在1979年被正式提出，此教学模式的创立者认为学习音乐只有一条道路，那就是体验。CLASP音乐教学模式涵盖五项音乐教育内容：①作曲（composition）。通过基本的音乐教育，帮助被教育者创作音乐，使用音乐明确地表达自己的理念。②文献研究（literature studies）。音乐教育需要为被教育者提供基本的音乐文献研究。③听力（audio）。音乐教育应该让被教育者有基本的音乐鉴赏能力，能够以听众的身份捕捉音乐的内涵，并有聆听的基本能力。④技能获取（skill acquisition）。音乐教育应该促使被教育者拥有基本的音乐素养和音乐技能，被教育者应该掌握一定的器乐演奏技能以及阅读和演奏乐谱的技能。⑤表演（performance）。音乐教育使被教育者能够进行音乐表演，并能够运用音乐展现当下。1986年，一种新的音乐教育模式在英国诞生——"斯万维克—迪曼"儿童音乐发展模式。这种经典的螺旋式发展模式认为儿童音乐教育是"掌握（mastery）—模仿（imitation）—富有表现力的表演（imaginatine play）—元认知（metacognition）"的螺旋式上升的过程，应该根据儿童的年龄判断其音乐教育的阶段，因材施教。

而在这一时期，古典音乐教育的主流地位逐渐被通俗音乐冲击，摇滚音乐逐渐被引入英国音乐课堂，新的音乐教育开始在英国萌芽。

## （四）20世纪80年代以来

20世纪80年代以来，随着科学技术的推广，音乐教育也向更加专业化的方向发展。音乐教育发生了重大变革，也迎来了新的机遇和挑战。在政府层面上，音乐教育的管理开始强化。《1988年教育改革法》将音乐纳入基础课程，音乐教育正式进入立法化阶段。该改革法规定音乐课程的学业目标有三个：表演、作曲和鉴赏。1992年，音乐教育将坚持西方古典音乐传统、传承音乐文化作为指导思想，进一步改革了英国音乐教育的课程结构，即学业目标为表演与作曲及聆听与鉴赏。新的电子音乐也对英国音乐教育课程产生了影响，音乐教育开始将电子音乐和世界音乐纳入讲授范围。这些都促进了英国音乐教育的发展。

## 三、日本音乐教育发展

### （一）1603年前

1. 飞鸟时代（592—710年）

飞鸟时代的伎乐教育可以称为日本最早的音乐教育。隋大业八年（612年），百济人味糜之在大和国（今日本奈良县）传授伎乐。圣德太子要求日本全境青年都必须学习伎乐，学习伎乐的贵族可世袭爵位，还可免除赋税。

2. 奈良时代（710—784年）

奈良时代，日本模仿中国唐朝的音乐教育制度和方法教授贵族子弟音乐。大化改新（646年）后，根据701年制定的《大宝律令》开设大学堂及雅乐馆，专门教授贯彻儒家礼乐思想的音乐课程，但大学堂及雅乐馆仍然是贵族家庭教育的场所。

3. 平安时代（794—1192年）

平安时代是日本音乐文化的繁荣期，也是日本音乐教育高速发展的时期。在这一阶段，由于历代天皇对音乐的喜爱，音乐学习的潮流自上而下流行开来。音乐被视作高贵的象征，贵族阶级雇用音乐教师展开音乐教育，并形成了各种音乐流派。

4. 镰仓时代（1185—1333年）至室町时代（1336—1573年）

1185—1573年是经典的武士时代，因此，这一时段音乐教育以教授武士音乐为主。同时，能乐在日本繁荣，并深受武士喜爱。音乐教育顺应发展的潮流，加入能乐教育和伴奏乐器琵琶的教育。

**（二）1603—1926年**

1. 江户时代（1603—1868年）

江户时代是封建幕府政治最后的时代，也是内忧外患的时代。贵族阶级开始忽视音乐教育，并视音乐为"不入流"的艺术。但也正因为如此，音乐在民间获得了长足的发展，音乐教育制度和方法也出现了变化。音乐教育开始出现记谱法，女子开始较为广泛地接受音乐教育。

2. 明治时代（1868—1912年）和大正时代（1912—1926年）

1868—1926年，西方文化涌入日本，音乐教育也焕然一新。这一阶段的音乐教育出现了传统教学方法与西方音乐教育方法的冲突，但仍然对现代日本音乐教育产生了深远的影响。

1868年，音乐教育的课程仍然以唱歌为主。1872年，《学制》（文部省布告第13号）同样正式将唱歌列入音乐教育科目，但是不同的是，中学阶段添加了"奏乐"的内容。1876年，东京女子师范学校（现御茶水女子大学）使用《保育唱歌》作为音乐教材，并开设雅乐系，促进了音乐教育的发展。但是由于经济条件的限制，日本音乐教育的水平并未得到显著提高。

1875年，著名音乐教育家伊泽修二在美国学校考察音乐教育，并大力推广五线谱，将传统音乐以现代记谱方式保留下来。日本音乐教育也逐渐从"礼乐思想"中抽离，转向寻求培养生活情趣、培养高洁的情操。

1887年，日本鼓励本国接受过高等音乐教育的人到各地教授音乐。同年，日本创办了第一所音乐专业学校，即东京音乐学校（现东京音乐大学）。音乐教育不仅以教授西方音乐为主，其讲授重心也逐渐向德国音乐偏移。这一时期，日本大量翻译音乐教育作品，音乐教育开始有了理论指导。

进入大正时代，新的教育学理论开始影响日本，音乐教育也开始寻求社会目的，培养同社会相联系的人。更多的音乐教育者认识到儿童是音乐教育的出发点，应该尊重儿童的音乐经验，让儿童自主地学习音乐、创造音乐。音乐教育不再是明治时代的"填鸭式"教学、强迫式教育，而是强调解放天性，让儿童自由地学习音乐。与此同时，符合儿童心理特点的歌唱剧的教育形式被创造出来，更加注重培养儿童对音乐的兴趣。

### （三）1927年后

20世纪初，日本的音乐教育再次进行了改革，其中歌唱教育要求学校教师教授的歌曲中的歌词应该与儿童使用的生活语言一致。1932年3月，新修订的日本小学唱歌教材正式附上了钢琴谱。1933年，日本文部省提出音乐教育必须选择能够陶冶情操且具有本国特色的作品，儿童音乐教育教授的内容必须符合儿童的身心发展特征和性别差异。此外，在专业的音乐大学开设邦乐科以保证本国音乐更好地发展下去。

在第二次世界大战爆发之后，日本音乐教育不可避免地受到军国主义的影响。音乐教材几乎全盘采用西方音乐，使本国传统音乐教育的发展遭受阻碍。

1947年，日本人认识到了第二次世界大战期间教育方式的狭隘性而制定了《教育基本法》，法律中将培养人格完善、身心健康的人才作为教学目标，为音乐教育营造了良好的发展环境。日本政府恢复了音乐教材的审订制度，开始了轰轰烈烈的教学改革。日本将音乐教育的改革划定在四个方面，分别为歌唱教育、鉴赏教育、器乐教育及创作教育。开始重视音乐教育的系统性，音乐教育的内容也变得更加丰富，低年级的音乐教育更加强调趣味性。

20世纪80年代后，伴随着日本经济的高速发展，其对音乐教育也提出了更高的要求。1984年，日本开始对音乐教育进行大刀阔斧的改革，将重视被教育者的个性作为教育的出发点，以培养适应社会变化的人才为根本目的。以此为基本方针，对音乐教育提出了四点要求：第一，促进被教育者的身心健康。音乐教育要让被教育者拥有更加丰富的情感，并能够将精神上的软弱克服。使用音乐影响被教育者的道德，使之具有健康的身心。第二，音乐教育必须强调个性化、创造性发展。针对不同被教育者的个性进行音乐教育，针对不同年龄阶段的被教育者开展不同的音乐教育工作。第三，音乐教育与其他学科教育相同，都要培养被教育者自我学习的能力。在音乐教育中，培养被教育者的思考能力，促进被教育者的判断力和表现力，并不断改善其自身的惰性，使其有自主学习的欲望。第四，音乐教育在加深对本国文化的理解的基础上，还可以促进被教育者学习其他国家的文化，接纳不同国家的传统文化。

在音乐教材的选定上，选用较多的多声部合唱曲。这样的选择要求被教育者更精准地把握音准、节奏和速度，同时对团队协调性提出了更高的要求，不仅可以帮助被教育者提高音乐素养，还能够增强集体主义精神。此时的音乐教育将日本民族音乐放在更重要的位置，不仅收录了日本民族歌曲，还将日本民族乐器的演奏方式纳入课程，同时对日本民族五声调音阶也进行了讲解。

20世纪90年代后，信息化、老龄化等使日本教育面临新的挑战，音乐教育也需要顺应时代的变化做出改变。也就是说，在新时期，日本音乐教育不再偏重于理论指导，而是更加关注被教育者的创作表现和表演表现，更加注重表现教学和鉴赏教学之间的联系，关注创作教学，并成立专门的机构培养更加专业的音乐教育人才，促进音乐教育事业的发展。

## 第三节　我国音乐教育的起源与发展

### 一、中国音乐教育

#### （一）古代音乐教育

音乐自古就有，在文化、文明渐渐兴起的时候，音乐就以伴生的状态与文化、文明一起兴起。但是音乐的兴起具体是从何时开始，已经不可考。而原始人民狩猎后的载歌载舞是否就是音乐的开始，也并没有被证明。但当教育开始出现时，音乐作为一个可以口耳相传的事物，也可以被他人教授，这样教育的内容就开始包含音乐，音乐也就成了教育的一部分。据现有史书记载，最早出现"音乐教育"相关的就是"成均"之说，"成均"之说起源于五帝时期，其主要教育内容就是音乐。这可以说是我国现存最早的关于音乐教育的记载。西周至春秋战国时期，礼乐教化成为当时的标志，乐与礼并称，除了"成均"之说，官方还设置了我国第一个礼乐机构——春官。春官中有大司乐，其职能包含管理音乐教育和组织礼乐活动，教授王公子弟礼乐。从其职能就可以看出音乐是教育的一部分。

春秋战国时期，礼崩乐坏。孔子游走于列国，以"兴于诗、立于礼、成于乐"为思想，通过教育修复崩坏的礼乐。在孔子的教育中，音乐占据着很大一部分。孔子的音乐实践并非简单的技法上的实践，而是与精神、人格相联系的。《史记》记载，孔子向师襄子学习琴，但过了十几天，也没有学习新的曲子。师襄子让孔子学习新的曲子时，孔子说其熟悉了曲子，但还没有掌握技法。又过了一段时间再问，孔子说他还没有领会曲子的意境。再过一段时间问孔子，孔子已经知道曲子的意境，但是还不知道作曲的是什么样的人。经过一段时间的思考，孔子终于了解了作曲的人是什么样的。孔子学一首曲子，不仅仅是技法上的学会，更是通过一首曲子了解精神、了解人品。孔子的这种实践也蕴含在他的教育里，将其与教育相结合，发挥音乐教育的教化功能。

诸子百家中，墨家和道家对于音乐教育的态度要更加模糊。墨子的《非乐》、老子的《道德经》都有否定音乐的语句，但是这些语句并不代表着他们对音乐及其教育的否定。

春秋战国的音乐教育内容更多是政治、宗教方面的，但到了秦朝，其功能就从政治方面转向了社会方面。这种转变对于音乐教育来说并不是一种进步。秦朝大一统以后，皇权集中，皇帝想要稳定社会，就不可能再依靠乐教这种"生于人心者也"的教育来稳定社会，而礼教的"使之复欲而不乱"却能够满足这种情况。同时，秦朝时期法家观点盛行，而在某种程度上与法家的严肃、庄重相反的乐教就更加不可能得到统治者的青睐。于是礼教慢慢取代乐教，乐教被抑制，无法得到长足的发展。

这种情况直到汉朝才得到缓解。汉朝"罢黜百家，独尊儒术"的社会环境使得儒家思想再一次活跃，而其主张的乐教也得以复兴。董仲舒在承袭儒家学说后，提出了一系列主张，其中"变民风，化民俗"就是其主张的目的。但是要达到这种目的，就要把仁、义、礼、乐作为达到目的的工具。同时，其天人感应的学说也使得儒家音乐教育的思想披上了神秘的面纱。除董仲舒外，王允认为音乐可以调节人的性情，"情性者，人治之本，礼乐所由生也。故原情性之极，礼为之防，乐为之节。"（《论衡·卷三·本性篇》）汉朝最著名的音乐教育机构莫过于乐府，乐府是一个综合性的官府机构，其功能之多也包含了与音乐相关的一系列活动。因各种因素的影响，汉朝时期的音乐教育得到了发展。

魏晋时期，音乐教育的发展远不如汉朝，虽然有不少关于音乐教育的研究，但远远比不上汉朝时期的发展。但宗教音乐机构在这一时期得到发展，并为后世国内外音乐教育的交流提供了经验。隋朝统治者创立了音乐教育机构——教坊，建立了"七部乐""九部乐"等宫廷音乐体制，使得多民族音乐共存发展。

唐朝音乐教育的发展更多地体现在机构的设立上，如大乐署、梨园、教坊等。这些机构职能不同，但都有完善的体系。大乐署作为太常寺下属机构，其主要的职能为音乐教育和表演，内部有乐师教学，组织乐工的培训、考核、表演等。教坊的主要职责为管理教习音乐、领导教习人员等，其教学内容极其广泛，歌舞、散乐等全部在内。相较于大乐署、教坊，梨园的职能要小很多，在教育中只是作为培养、选拔人才的机构，并不具备统领的权力。唐朝各种音乐机构的设立，使得音乐教育形成了一个体系，从人才培养到教育培训，再到管理人员与机构，这些机构都对音乐教育的发展起到了重要作用，并使之在宋朝得以延续。

宋元时期是文化发展十分繁荣的时期，但这一时期的音乐教育形式却与唐朝大致相同。唐朝时期的大乐署、教坊等都被延续下来，教学制度、内容、规模等基本没有改变，但活字印刷术的出现，确实为音乐书籍的刊发做出了贡献。在宋代，值得一提的还有音乐教育方面的大师胡瑗。胡瑗一生都在积极倡导音乐教育，音乐教育始终是其关注的重点。宋代音乐教育除却个别方面的研究，其总体上并没有大的进步，远不如唐朝时期的音乐教育。

明清时期，教育在各方面开始走向僵化，音乐教育作为娱乐性较高的事物，受到的限制更多。即使在某一段时间部分地方学校会出现音乐教育，但是存在时间并不长久，洪武中期，音乐教育又被取消了。自此以后，音乐教育处于萧条的境地，中国的音乐教育自此衰微。

中国自古以来的音乐教育，有过繁荣，也有过衰败。不少能人志士都为音乐教育做出了自己的贡献。在统治者的支持下，音乐教育机构被建立起来，音乐教育的体系也逐渐完善。虽然，某些时期的统治者对音乐教育实行了打压或限制，使得音乐教育无法得到发展，但总的来说，音乐教育在古代教育中还是处于重要的地位的。音乐教育无论在哪一个朝代都发挥着其最基本的情感教育功能，音乐鼓舞人心的能力，决定了其发展的方向，其始终是社会的一部分，或许被限制，或许被隐藏，但不可磨灭。

**（二）近现代音乐教育**

在我国进入现代化的进程中，伴随着各种文明与思想的巨变，音乐教育也打破了明清时期的束缚，在转变中获得新生。同时，西方传入的教育理念等影响着我国的传统教育，音乐教育也不可避免地被影响着，其教育制度、方式、机构等都发生了变化，但音乐教育在机构形式等方面的变化是随着其他教育一起发生的，他们并无太多区别，相较于音乐教育中众多大师的观点，并没有值得人们去分析的地方。因此，本书对于音乐教育近现代机构、形式等不做论述，主要介绍几位大师的音乐教育观点、看法等。

王国维是我国第一个把音乐教育纳入美育并把其带入教育中的人。他认为音乐教育是教育中不可或缺的一部分，认为其根本特点是使"人心之动"的"最纯粹之快乐"，将其与德智体相联系。蔡元培的许多著作中都包含了对美育的论述，如"美育为近代教育之骨干"等，实施美育就是将艺术作为教育内容，培养人们创造和鉴赏美的能力，并将其向社会普及。蔡元培关于美育具有卓远的见识，其在任职北京大学校长期间，也以自己的地位和影响，多次把美育带入教育中。梁启超极其喜爱学堂乐歌，认为学堂乐歌是我国音乐教育的转机，还专门介绍过音乐教育家曾志忞及其作品。梁启超对于音乐教育高度重视，认为"声音之道感人深矣"，而音乐作为教育重要部分，是"稍有识者所能知也"，而无人能够谱写新歌，是"社会之羞也"。他还认为中国的音乐教育要向西方学习，"输进欧乐以为师资"，这样才能发展中国的音乐教育。梁启超对于音乐教育的认知还有很多，而这些都对中国的学堂乐歌的发展起到了积极的作用。

梁启超推崇的音乐教育家曾志忞，早年于日本留学，学习音乐。回国后，建立起了我国近代第一个新式音乐社团"亚雅音乐会"，并发表了阐述近代音乐教育的系列文章《音乐教育论》。指出应该发展音乐教育，并提出四点发展音乐教育的关键：①本国音乐教师的培养；②他国音乐教师的引进；③编辑音乐教科书；④仿造洋琴。曾志忞是我国近代最早一批的音乐教育家之一，虽然其理论缺乏系统性，但不可否认的是，曾志忞的理论对我国音乐教育具有重要影响。李叔同是我国著名的启蒙音乐教育家，也曾经到日本学习艺术。他创办了我国第一份音乐杂志《音乐小杂志》，开创了我国音乐杂志的先河。李叔同回国后投身音乐事业，创作出许多著名的乐歌，如《春游》《送别》等，还培养出许多优秀的从事音乐事业的大家，如丰子恺、吴梦非等。不论是其自己对于音乐的见解，还是其对于音乐教育的实践和人才的培养，都对我国音乐教育事业具有重要的影响。同样去日本留学的沈心工，是我国学堂乐歌的代表人物之一，其创作的学堂乐歌多达180余首，先后编入《学校唱歌集》《民国唱歌集》，其还在小学开创了"唱歌"课，成为我国近代音乐教育史上的一个壮举，对音乐教育的影响不可忽视。

在中国近代音乐教育史中，还有许多教育家为音乐教育的发展做出了贡献，音乐教育从古至今，一步一步发展到今天，都离不开他们的努力。他们在探索音乐的同时，把其推向社会，使之发挥特有的功能，为社会贡献力量。也正是这样，音乐才能成为教育的一部分，被人们所重视。

五四运动后，我国专业的音乐教育得以建立和发展，并随着社会的发展不断地完善。在音乐学校建立之前，音乐教育是以社团的形式出现的，如"北京大学音乐研究会"（1921年改名为"北京大学音乐传习所"）"中华美育会""中华音乐会""大同乐会"等。这些社团建立的宗旨是反对封建文化，倡导美育。社团的主要活动内容是组织学习，传授中西方音乐知识，包括中西乐器、乐理、和声、中外音乐史等内容；组织各种演出活动，进行西方音乐理论的翻译及中国传统音乐的整理研究，组织进行音乐创作等。从这些社团的活动内容看，它们实际已具备音乐学校的功能，可以说是我国专业音乐学校（院）的初级形态。一些教会学校中也创办了音乐系，如当时的沪江大学、燕京大学等。尽管这些社团和学校中的系科音乐教育还不甚完善，但其标志着我国现代专业音乐教育的开始，同时，为我国后来专业音乐院校的建立提供了实践经验。

抗日战争爆发后，一些革命音乐工作者纷纷走向抗日战场，为了配合政治形势的需要，在毛泽东、周恩来等人的倡议下，1937年在革命圣地延安组建了一所无产阶级领导的艺术学府——鲁迅艺术学院。翌年成立音乐系，先后由吕骥、冼星海任系主任。该系的教育方针是"研究进步的音乐理论与技术；培养抗战音乐的干部；研究中国音乐遗产，接受并发挥之；推动抗战音乐的发展；组织、领导边区的一般音乐工作"。开设了音乐概论、音乐史、作曲法和声学、器乐、声乐表演等多门课程。鲁迅艺术学院音乐系的成立，为我国培养出了大批革命音乐工作者，为我国的解放事业和音乐事业做出了重大贡献。1939年后，在敌后抗日根据地和解放区陆续建立了许多专业音乐教育机构和学府，较有代表性的有国立福建音乐专科学校、国立北平艺术专科学校等。

近现代专业音乐教育是我国音乐教育的一个重要组成部分，不仅为我国近现代音乐事业的发展做出了突出贡献，同时也为促进普通音乐教育和师范音乐教育的发展提供了师资方面的力量，为中华人民共和国专业音乐教育、师范音乐教育和普通音乐教育的建立与发展积累了丰富的经验，打下了坚实的基础。可以说，自中华人民共和国成立以来的普通音乐教育、师范音乐教育、专业音乐教育的发展与近现代音乐教育的发展分不开，也与为我国近现代音乐教育做出了重大贡献的音乐教育家的努力分不开。

## 第四节　音乐教育体系

### 一、三大教育体系

#### （一）达尔克罗兹音乐教育体系

埃米尔·雅克·达尔克罗兹（Emile Jaques-Dalcroze）是瑞士著名的音乐家和教育家，他开创的音乐教育体系是20世纪最早的音乐教育体系，这种体系也不同程度地影响了后来的奥尔夫和柯达伊的音乐教育体系。达尔克罗兹早年曾在日内瓦音乐学院任音乐理论教授，他认为，音乐与人的身体是分不开的，当音乐响起的时候，人的身体也应该处于律动中。早期的音乐只是教授人们用嗓子去唱，但是身体却在那里一动不动，达尔克罗兹认为这并不符合音乐的本质，这样的音乐教育是孤立的、不全面的。针对这一点，他提出了体态律动学，并在未来的几十年时间里不断对提出的学说进行实践和理论研究，并最终取得了成功。从现今的学说应用来看，其应用的范围极其广泛，针对的人群也是非常多样的。

达尔克罗兹在他的音乐教育体系中，将人的身体同时纳入音乐训练，在传统音乐教育训练耳朵、嗓子、手的同时，加入了对人形体、姿态、动作的训练。人是通过身体来传达自身情绪的，当情绪转化为音乐时，身体便是乐器，所以在音乐教育时忽视身体，就好似忽视了乐器一样。尤其是在对儿童的教育中，要让他们的身体随着音乐所蕴含的情绪而律动，唤醒他们本能天性，培养他们的节奏感。音乐与身体的结合，能够让儿童的身心更加和谐，使他们的性格和身体更加健康，从而促进他们各方面的学习。

除了体态律动学说，达尔克罗兹还将创造性音乐活动中的即兴活动放在了同样重要的位置。即兴活动极其考验人们的想象力、创造力和反应能力，即兴创作不仅需要出色的音乐表现能力，还需要优秀的反应能力和音乐思维。在教学中，教师可以通过启发、诱导的方式，使学生进入状态，在音乐的学习中利用自己的情绪，激发想象，创造音乐。即兴活动的进行，能够培养人的创造能力，使人在音乐领域进一步发展。

**（二）柯达伊音乐教育体系**

佐尔丹·柯达伊（Zoltan Kodaly，1882—1967）一生致力于音乐教育，并对匈牙利音乐教育的理念和未来发展方向进行了论述，以其名字命名的教学法在世界音乐教育体系中具有重要的影响，并继续为今天的音乐教育所使用。柯达伊提出了一系列关于教育的思想，具有较高的哲学艺术要求，其主要的教学理念有：①音乐是每一个儿童与生俱来的权力，它不是音乐天才的特权；②参与是学习音乐最好的途径，儿童自身的经验是他们理解音乐的最好的工具；

③唱歌无需伴奏；④儿童的音乐教育依赖他们的指导者，所以，这些指导者要是最好的音乐教育家；⑤好的音乐教学方法，对孩子而言是一种享受，不是折磨；⑥孩子具有神圣的灵魂，我们要在他们的心中植入最好的品质；⑦让千千万万人的心灵去接触庄严的音乐是一件伟大的事情；⑧音乐教育是完整的人所需要的发展。柯达伊的音乐理念把音乐推向了大众，使之成为大众的音乐，他格外关注儿童的音乐教育，把音乐教育当作儿童完善美好心灵、形成美好品格的途径，并将音乐教育提到了美化心灵、发展人生的高度。

柯达伊的教育理念具有传统性、学术性、创造性和前瞻性。他收集匈牙利各地的民谣，激发了众多的作家将民谣用于自己的音乐创作，使传统音乐再次活了起来。他还在课程安排和学习过程中，通过音乐家、教育家进行精心的设计，使教育更具有学术性、创造性。他创造的教学法使匈牙利音乐教育有了新的出路，使被忽视的传统民谣再次成为国家音乐的基础。

### （三）奥尔夫音乐教育体系

奥尔夫创造的音乐教育体系是音乐教育三大体系之一，对于世界的音乐教育体系具有重要的作用。在奥尔夫的音乐教育中，音乐不再只是单纯的节奏和旋律，它可以与任何艺术性的事物融合在一起，如儿歌、舞蹈、绘画、雕塑等。

现代社会的快速发展促使学科知识的划分越来越详细，但是学科知识之间的融合也越来越密切，音乐教育也是如此。奥尔夫指出，原本的音乐绝不是单纯的音乐，它是和动作、舞蹈、语言等紧密结合在一起的。这是人类本来的状况，也是最接近心灵的。所以，可以认为音乐是综合的艺术。

奥尔夫还认为音乐具有创造性。孩子从出生就具有对音乐的创造能力，他们所见到的、听到的，都可以用简单的音乐和乐器进行表达。当没有音乐时，身边的其他物体，如筷子、手脚等也会成为表达音乐的事物，这都会体现出孩子对音乐的创造性。而要培养孩子的这种创造性，就要通过调动他们的视觉、听觉、嗅觉等器官，让孩子参与进来，用肢体进行表达，宣泄自己的情绪，回归其本来的天性。

奥尔夫的音乐教育体系具有一种开放性，即适用于任何一个国家和地区，在使用的过程中，还可以根据本国的特色把它本土化。奥尔夫的教育理念并没有一个标准，这在一定程度上会使其他国家在使用时出现困难，但也正是这种开放性能够使任何国家在其基础上进行创造，具有无限发展的可能。

## 二、中国音乐教育体系构建

### （一）以传统为基础，以他国为借鉴

中国的音乐教育经过几千年的发展已经形成了基本的框架体系，这种框架体系具有我国独特的民族特点，是我国音乐教育区别于他国的标志，这并不是随意就能抛弃的，抛弃传统的音乐教育就代表与古代文化的脱节和对自己民族音乐特色的抛弃。所以，在构建我国的音乐教育体系时，就要以传统音乐为基础，在此之上进行优化与改进。对于音乐教育的优化，就是要积极吸取其他优秀的音乐教育体系，把本来的糟粕剔除掉，换为优秀的观点，使其能够焕发新的活力。音乐教育的三大体系均指出了民族音乐的教育方向，他们源于民族，以民族音乐作为基底，同时具有开放性，使得各个民族和国家都可以应用。中国在民族音乐上的底蕴深厚，五千年的历史传承能够给予我们充足的底气去变革和探索。在近现代的社会发展中，许多学者都讨论过民族音乐的重要性，如何实践，也是他们研究的重点，也有许多的研究成果涌现，如《民族音乐教育的重要性及实施建议》《母语：根基和未来——论中华文化为母语的音乐教育》《音乐的民族情感与民族音乐教育》等。

中国音乐体系的建立必须立足于时代的潮流，在潮流中审视自己、审视他人、审视世界，只有这样才不会在时代潮流中迷失方向，才不会丢失自己的特性，成为完全的外来文化。我们不能在快速前进的社会中妄自菲薄，看见他人的成果，就失望于自己成果的微小而放弃对成果的坚守，转而去对其他成果进行模仿，不劳而获的成果可以解一时之急，但却会留下无穷祸患。

### （二）以基础音乐教育为基底，"由下而上"建立音乐教育体系

越牢固的基底越能够承载更多的事物，任何事物的建立都离不开基底的建立。音乐教育就是一座塔，没有牢固的塔底，不仅建造不出高耸的塔身，还不能保障其他位置的牢固。音乐教育的建立就要将基础当作塔底，加强基础音

乐的学习，音乐教育才会更强，发展得才会更好。柯达伊曾经在演讲中说过："我们音乐文化的最大缺陷，在于它是自上而下建筑的。……我们先建造了尖顶，然后看到整个大厦摇摇晃晃时，我们再造墙，到现在我们还需要建造地下室，这就是现在的情况，尤其是在音乐教育方面。"音乐教育的基础打不牢，在发展的过程中就只能看到"将倾的大厦"。我国的音乐教育为了求得发展，曾经引入大量的西方音乐教育方式，这使得我国的音乐教育快速走上了规范化的道路，但是也存在一定的问题，即我国本土音乐的缺失。这种引进的西方的音乐教育体系只能有一时之利，而不能依靠其求得长远的发展。忽视基础音乐教育，必将导致我国音乐教育的"虚"。音乐教育的发展要从基础抓起，从简单到复杂，从浅显到高深，一步一步走出带有我国特色的音乐教育道路，使整个国家的音乐教育焕然一新。

### （三）专业与基础音乐教育相结合

我国大多数学校的音乐教学体系还是西方音乐教育的体系，专业音乐教育与基础音乐教育并不能接洽。2001年，"21世纪面向基础教育的高师音乐课程改革研讨会"中，近百名专家对音乐教学改革进行了论述，有近百篇论文被提交。这次会议围绕的中心议题是音乐教育如何面向全国进行基础音乐教育。此次会议之后，基础音乐教育成为音乐教育改革的方向。基础音乐教育面向专业音乐家，也面向普通的人民群众，音乐教育不再是专业人士所有的，正式成为全体人民的音乐教育。一个国家音乐教育的整体水平关系到音乐人才的质量，而一个音乐人才的产生，就要依靠基础的音乐教育，只有这样培养出来的音乐人才才能够得到广阔的舞台和广大听众。音乐教育从来不是依靠某一形式的音乐教育支撑起来的，其势必是专业与基础相结合，才能出现一个有益的音乐教育体系。专业带动基础，基础支撑专业，这样形成的音乐教育才能够使音乐教育体系牢固。我国要以此为音乐教育改革的方向，发挥专业与基础音乐教育的作用，早日构建完善的音乐教育体系，立足于时代潮流。

### （四）支持早期儿童音乐教育、特殊音乐教育、音乐治疗等事业的发展

音乐教育的作用不仅仅体现在陶冶情操上，还体现在其舒缓人的心灵和情绪的作用上。所以，对音乐教育深入挖掘下去，就可以看到其所具有的特殊

效果。在这一方面,就需要大量的专家研究并挖掘音乐的其他作用。现今,许多国家都开始了对儿童的音乐教育。儿童时期是一个人成长的初始阶段,也是对人的一生产生影响的基础阶段,对儿童进行音乐教育,能够让儿童在音乐中舒缓自己的情绪,培养他们通过音乐与人交往的能力,使他们能够在音乐中学习、在音乐中行动。对儿童早期的音乐教育不仅可以培养他们的创造力,还可以预防他们在以后生活中无法缓解压力从而导致抑郁、暴力等问题。而对于儿童中的特殊群体,音乐教育还能够起到治疗的作用,对于一些先天心理患疾的儿童,音乐可以缓解其病情,使其可以与他人进行沟通,提高其生活的质量。除此之外,音乐治疗还可以用在心理压力较大的成人身上。面对这些情况,音乐治疗是一种非常有效的辅助手段。但是,音乐治疗的手段普及的程度还不够,关于音乐治疗的研究也不够深入,只是停留在表面,或干脆应付式使用,真正的音乐治疗还需不断地研究推广。

音乐教育体系的构建在某种程度上来说,使我国的教育变得更加完善、更加多样。针对我国音乐教育体系的现状,可以发现,在构建音乐教育体系时,要以我国本土的音乐为基础,吸收先进经验,最终形成有中国特色的音乐教育体系,这样的音乐教育体系才能实现长远发展。中国自古而来的音乐有着独一无二的特点,体现着我国的历史文化和民族精神,这是其他民族与国家无法替代的风格,这种风格与特点是只属于我国音乐的记忆点。如果要想在全球音乐交融的环境下脱颖而出,就要抓住自身特有的特点,做出属于自己的特色。同时,在对我国传统文化进行继承的时候,还要借鉴外国优秀音乐的特点、形式等,不断在其他音乐中找到灵感,创作出优秀的音乐,音乐教育同样如此,既要传承和发扬我国优秀的音乐教育传统,也要对国际上先进的音乐教育理念和经验进行扬弃,取其精华,去其糟粕,建立带有本国文化特色的音乐教育体系,促进学生的全面发展,完善我国整体的教育体系,优化教育结构,为国家和社会的长足发展输送专业人才,推动国家进步、社会和谐。构建音乐教育体系要掌握好基础音乐教育,打牢音乐教育的地基,才能保证"上层"音乐教育的发展,这不仅要有优秀的教育理念、重视音乐教育的发展,而且还要重视师资力量的培养,因为优秀的音乐教师也是音乐教育发展的必备条件。教师承担着向学生传授知识和经验，引导学生的发展方向，塑造学生的世界观、人生观、价值观，为学生的全面发展保驾护航，为实现我国的素质教育的目标不懈奋斗的重要使命。随着时代的发展，中国只有不断完善自身的音乐教育体系，才能在世界浪潮中不断发展。

# 第二章　音乐教育与特殊音乐教育

音乐教育是我国教育体系中不可或缺的重要组成部分。近年来，随着德智体美劳全面发展的教育理念的普及，音乐对人的美学感受的塑造功能越来越受到人们的重视。因此，音乐教育在学校教育及非学校教育中都逐渐占据重要的地位。如果说，教育是实现人的全面发展必不可少的途径，那么音乐教育在实现人的"美"学发展的过程中起到了举足轻重的作用。基于其重要的价值功能，音乐教育在特殊教育中的地位逐渐凸显。研究表明，对于大部分残疾人来说，音乐是他们认识世界、改造世界、塑造自身思想观念的重要手段，不仅可以陶冶情操、愉悦身心，而且有特殊的治疗效果。从唯物主义辩证法的角度来看，普通的音乐教育和特殊的音乐教育又有所不同，与普通音乐教育相比，特殊音乐教育在适用群体、教育理念、教育手段、教育目的、教育方式和教育评价等方面存在着差异。

# 第一节　音乐教育的特征与价值功能

音乐教育既有教育的共性特征，又有区别于其他教育学科的个性特征。音乐教育的特征与价值功能，正是音乐教育这种共性与个性相结合的特征，使其在具有教育价值功能外，还具有艺术价值功能。音乐教育属于启蒙教育，我们可以将音乐教育的特征概括为审美性、情感性、地域性、模拟性、创新性、社会性及教育性。基于这七个特征，音乐教育的价值可以概括为四个方面：审美价值、社会价值、情感价值和创造价值。

## 一、音乐教育的特征

音乐教育的音乐性特征是其主要特征，音乐是一门声音的艺术，又被称为听觉艺术，以抒情见长，有将现实外部空间抽象化的能力，同时又具有不确定性。总结来说，音乐是反映人们内心世界、现实情感等主观映像的艺术，可以给人带来听觉享受和情感体验。而音乐教育同样具有这样的特征，具体来说，有以下几个方面：

### （一）审美性

音乐本身具有审美特点，而这一特点有利于培养音乐听众的审美能力和审美水平，人的审美可以通过后天来培养，因此人们需要美学方面的教育体验，艺术教育应运而生。音乐教育在内容和形式上都具有丰富的审美因素，从内容上来说，音乐包括音高、节奏、音色等各种各样的音乐要素，这些要素都给人们带来了丰富的美学体验，无论是古典音乐还是现代音乐，无论是器乐乐曲还是人声唱法，任何一种音乐形式都是美的载体，宛转悠扬的音乐旋律、富有哲理的音乐主题、精妙绝伦的结构艺术、天马行空的巧妙构思、作曲家的情感表达，在音乐教育中，这些都是必不可少的内容。而音乐教育的形式也体现出审美性的特点，音乐教育与普通教育一样，都是发生于教师与学生之间的一种教育，其氛围具有浓烈的审美特征，教育活动的双方在进行观念交流的同时也在进行情感投入，教师在演奏或者表演音乐的时候，通过歌唱形式、表演形式、动作、表情或其他声像资料来直观或间接地传递情感，营造情感氛围，而音乐教育的课程设计也往往包括赏析、实践等活动，具有审美性。这些活动能够加深音乐欣赏者对于音乐要素的理解和情感的升华，引发其情感共鸣，让其不仅能够欣赏美，而且能够在获得美学体验的同时，在意识中形成关于美的深刻理解，从范本中汲取灵感，创造出属于自己的表现美的作品。

**（二）情感性**

音乐是表现艺术，是创作者思想的形象化表达，而音乐作品是作曲家的情感外显，音乐具有表情达意性，音乐教育也继承了这一特点，以情感为媒介，反映现实世界的生活，表达人们的思想感情，将人们源于客观现实的思想感情通过音乐艺术的形式表现出来，再通过艺术形式引发听众的情绪波动，再次从感官体验转向情感体验。

音乐是情感的重要载体，能够让人们通过音乐感受到充沛的感情。具体来说，人们通过欣赏音乐的旋律、曲调获得主观感受，引发种种想象，在意识中形成具体形象的画面或者情景，这种生动的想象能够强化人的音乐感受，产生主观体验。在音乐教育过程中，通过音乐所表达的情感及其塑造的艺术形象使听众产生各种情绪，达到人与音乐、人与人之间的交流，从而陶冶人的情操，激发人的积极向上的乐观精神，最终达到美育的效果。

而音乐教育的表情达意性就是引导学生对作品产生情感上的共鸣。情感没有正误之分，一千个人眼里有一千个哈姆雷特，但是有什么样的哈姆雷特不是重点，重要的是有没有产生哈姆雷特这一过程。比如人们在欣赏肖邦的《C小调练习曲》时，通过跌宕起伏的节奏、巧妙设计的音乐形式，随着音乐旋律的变化感受到作品的情绪发展，而在进行音乐教育时，教师也会对作品的创作背景进行介绍，使学生能够对作曲家在创作时的内心情感有所了解。还是以《C小调练习曲》为例，通过音乐教育，学生了解音乐的创作背景，了解该乐曲创作于1831年肖邦的祖国波兰起义失败之后，作品中传达了创作者的爱国热情和民族品格，在了解这些之后，学生在欣赏音乐时就能感受到创作者想要通过音乐表达的情感，对作品主人公的英雄情怀、内心挣扎、斗争精神有更深的了解。

### （三）地域性

人们常说，艺术无国界，但是艺术家有祖国。音乐也不例外，音乐是伟大的艺术，世界各国的人们都可以通过音乐获得相同的情感体验，但是音乐创作是人的主观活动，不可避免地会带有创作者一定的主观色彩，其中最明显的就是地域性特点。体现在音乐教育上，就是指音乐教育不是可以通过一种教育形式对所有音乐内容进行教育设计的，需要结合不同国家的国情或者说是不同地域的地域特征、人文环境，包括该地区人们的欣赏水平、性格特征等因素，当然，最重要的体现还是在结合本地文化和历史等因素形成的民族音乐的教育上。比如，在对我国学生进行音乐教育时，一味套用外国教育模式无法真正引起他们的共鸣，尤其是在进行民族音乐形式的教育时，拿京剧教育来说，京剧音乐的内容和形式自成体系，在进行教育时也需要有一套结合这些特征而制订的教育形式。

### （四）模拟性

音乐的模拟性是音乐典型的表现方式，也是进行音乐教育时不可忽视的一个方面。模拟性是指创作者在进行音乐创作时，通过音乐对现实中的种种声音进行模仿，起到塑造形象、表达思想、传递情感的作用，它是音乐的基本表现形式。柏拉图和亚里士多德在总结古希腊艺术时对艺术与现实做了这样的总结，柏拉图认为"艺术是现实世界的摹本"，也就是说现实世界是艺术创作的蓝本；而亚里士多德则认为艺术模仿现实事物，并且通过艺术的形式反映现实事物的本质。音乐作为艺术，同样具有这样的特点，模仿事物的普遍性，模仿创造性的人类劳动，按照事物所呈现的样子进行模仿。在音乐之中，最常见的模仿就是对声音的模仿，比如《百鸟朝凤》对百鸟的鸣叫声进行了惟妙惟肖的模仿，让听众感觉自己身处自然之中；《大峡谷》则是模仿了毛驴的脚步声，生动形象地向听众展现出一幅乡野画卷。除了中国的音乐，外国的音乐中也有不少对于声音的模仿，如法国作曲家圣-桑斯的《动物狂欢节》组曲便应用了多种模仿音乐，用低音弦乐器模仿狮子的怒吼声，用和弦乐器模仿乌龟爬行的声音，用钢琴、小提琴、单簧管等模拟母鸡打鸣、公鸡报晓等。这些模仿不仅能够将创作者抽象的思维具象化，描绘出生动形象的现实世界，让听众能够更好地展开想象，还可以传达作者的思想感情，把作者想要表达的种种情感表现得淋漓尽致，完成一种借景抒情、借物抒怀的效果。而在音乐教育中，这种模拟性也成为教师在教学过程中与学生进行思想交流和情感交流的手段。从另一种角度来说，教师言传身教，学生取其精华、结合自身进行行为或者思想方面的模仿，能够达到良好的教学效果。

（五）创新性

随着时代的发展，人类社会的科学技术水平也在不断进步和发展，这是人类进行创新创造的结果，创造力是人类发展进步的重要动力和最根本的源泉，如何培养创造力对每一个人来说都是不得不思考的重要问题。而音乐教育作为一种可以培养想象力和创造力的方式，是具备创造力培养功能的重要学科。音乐具有抽象性，这种非具象化的教育恰恰可以为人们的想象提供广阔的发展空间，但是音乐同样具有现实性和指向性，为人们联想能力的培养提供了无限的可能。也就是说，音乐教育可以直接且充分地启发人们的创造性思维和创新能力，它不仅让音乐进入人们的现实生活，更能激发人们的想象力、创造力和表现力，培养人们不同的思维和行为方式。

（六）社会性

人类进入21世纪以来，科技飞速发展，智慧经济欣欣向荣，新的时代是经济全球化的时代，而经济全球化为人们带来了多种多样的沟通交流的方式，文明与文化形成了多元化的发展趋势。而在这样的时代背景下，无论哪个国家的发展都离不开人才的培养，尤其是具备丰富的科学知识和专业素养、较高的人文修养和文化水平的全方面发展的人才。音乐教育作为素质教育的重要内容，其作用和地位是无可替代的，以前人们认为艺术类的教育是"副科"，将其置于边缘位置，但是随着时代的发展，人们愈发认识到艺术教育，包括音乐教育的重要性，其对社会发展的推动作用逐渐被人们重视起来，人们逐渐认识到音乐教育也是社会生产力发展的重要推动力，同样具有社会性和时代性。这种社会性体现在人与人、人与社会之间应该建立和谐的审美关系，而社会性也是人类的根本属性，这种和谐的审美关系正是社会健康发展的重要手段。也就是说，重视音乐教育有利于在人与人、人与社会之间建立一种和谐且健康的审美关系，最终推动社会健康发展。具体来说，就是通过音乐教育塑造人的审美观念，培养音乐艺术家、生活艺术家，加强人与人、人与社会之间的联系，让人们可以以一种审美的世界观观察世界、对待世界，同时对社会、自然界及自身与其他人也通过这种审美观念进行交流，从而培养社会主体，让人的创造力转化为劳动形式，发展社会生产力，进而实现社会事业和人类社会和谐发展的美好愿景。

**（七）教育性**

音乐教育区别于普通的音乐欣赏活动，具有教育性的特征。音乐欣赏受到各种主客观因素的限制，人们往往难以逾越欣赏水平的鸿沟。但是音乐教育则是面向所有教育对象，让所有人都能感受到音乐带来的美的感受，提高教育对象的审美能力和音乐素养，在音乐教学中有针对性地培养其创造性，实现教育对象的德智体美劳全面发展，在提高个人艺术素养的基础上，推动整个社会的精神文明建设、提高科学文化水平。音乐教育不仅能够让人学到音乐方面的相关知识，培养人的音乐鉴赏及审美能力，而且能够培养人的创新性和创造能力，最终达到智育和德育的目标，因此音乐教育是素质教育的重要手段。

## 二、音乐教育的价值功能

基于以上特征，音乐教育的价值可以概括为四个方面：审美价值、社会价值、情感价值和创造价值。具体内容如下：

**（一）审美价值**

音乐教育具有审美价值。音乐具有审美性特征，因此音乐教育具有审美价值。音乐具有的这种审美的特性是其他非艺术学科不具备的，它可以培养人正确的审美观念。审美包括审美意识及审美辨别能力，通过音乐教育，学生能够养成正确的审美意识及敏锐的审美辨别能力，有利于培养学生形成正确的世界观、人生观、价值观，树立真善美的正确观念、完善的人格。苏联著名教育家苏霍姆林斯基将以对美的感知能力和理解能力为核心的审美教育作为培养人情感的重要手段，如果没有审美能力，那么一个人就失去了对生活中美好和崇高事物的欣赏能力，也就丧失了学习能力和人格发展进步的机会。以奥地利作曲家、"歌曲之王"舒伯特的《摇篮曲》为例，作品以情育人，在教育过程中把学生的情感体验放在首位，让学生感受到母爱的温暖与伟大。教师在介绍完创作者的基本情况和创作背景之后，演唱《摇篮曲》，让学生在感受音乐的魅力的同时，想象在温暖的灯光下，母亲轻柔地摇着摇篮，口中哼唱着摇篮曲的情景，让学生能够感受到温柔、安静、平和的情绪氛围，启发学生认识形成这种氛围的音乐表达形式，让学生不仅能够欣赏作品的音乐美、情感美、意境美，而且还能知道这种美的表达，培养其美学感受。

### （二）社会价值

音乐教育具有社会价值。音乐作品是一种艺术表现形式，艺术源于生活，尤其是现实主义流行以来，音乐作品的内涵主题往往与社会伦理息息相关。而音乐作品具有特殊的表现形式，音乐教育在现代社会的伦理教育中具有特别的价值和功能。音乐教育对教育对象进行教化，改善和促进其语言能力的发展、传播和传承文化的功能都是其社会价值的体现。

1. 人文教育价值

音乐教育具有人文教育价值，可以通过传递正确的价值观念，塑造人的道德品格。音乐的教化功能一直以来都受到众多学者的重视。古希腊哲学家柏拉图认为音乐教育的目的就是向人的灵魂灌输韵律，使人与人之间的思想达成和谐共鸣，最终形成良好的道德品格；中国古代思想家荀子则认为音乐是圣人喜悦的表达，人们通过学习这种表达，美化自身心灵，最终达到社会移风易俗、和睦和谐的目标。

2. 能力培养价值

在音乐教育活动中，受教育者的多方面能力得以培养，如竞争能力和合作能力。音乐表演活动具有竞争性质，而音乐通常不是一个人就能实现全部表演效果的，这种竞争与合作的形式也让表演者这方面的能力在一次次表演中不断提高。音乐教育还可以培养教育对象的创造能力，教育对象在积累了大量与音乐相关的知识和经验以后，对这些知识和经验进行整合提炼，最终可结合自身的思想，形成新的作品。

3. 语言培养价值

音乐教育有改善和促进人的语言能力发展的重要价值。研究表明，音乐和语言具有共性机制，它们都属于声音范畴，其共同处理机制包括学习能力、节奏旋律提取能力、整合能力、情感感受能力等，在既有共同机制的基础上，通过音乐教育可发展人大脑的音乐处理功能、改善人的语言功能。

4. 文化传承传播价值

音乐教育还有传承文明和文化的社会价值。音乐作为一种艺术，本来就属于文化的一部分，音乐教育则是通过教育的方式将人类文明传承下去的重要手段。除此之外，音乐的文化传播价值也是不可忽视的，艺术无国界，音乐突破了语言的限制，让不同民族、国家、时代的文化通过音乐得到了最大程度的传播。

5. 时代价值

音乐教育的社会价值还体现在其保障现代实用工具上，随着科技的发展、社会的进步，音乐也对人们的生产生活方式产生了前所未有的影响。例如：音乐可以提高工作者的工作效率，改变其工作态度；新媒体时代兴起了影视配乐、广告配乐等音乐本体衍生产业；医学、数字媒体、传媒等领域都受到音乐的影响，音乐和音乐教育作为一种实用手段也体现出了时代性的社会价值。

### （三）情感价值

音乐教育具有情感价值。音乐具有情感性，音乐教育也具有情感价值，是人们情感的表达。除了上述情感性特征的理性分析，音乐可以以声音为媒介引发人们的情绪反应，进而实现情绪调节的作用。经科学实验证明，世界名曲的波动频率和节奏正好处于能让听众感受到舒服与和谐之感的"白色波动"与"布朗波动"之间，舒缓的音乐抚慰人的心灵，激昂的音乐使人们的情绪得以宣泄。音乐以情感人，让人以审美的姿态感悟生活，以显示生活中获得超越物质的情感体验。经常受到音乐熏陶和音乐教育的人，其精神境界会得到提升，情绪调节能力处于一个较高的水平。而在音乐教育中，教师通过音乐元素，利用多媒体信息化手段，深化学生的情感体验，尤其是要让音乐成为人与人之间情感沟通的桥梁。

**（四）创造价值**

音乐教育还具有创造价值。音乐能够激发主体的创造意识，受到音乐内容的影响，受教育者往往在教育过程中逐渐产生对音乐的兴趣，由兴趣推动主体进行实践，亲身参与音乐创造活动，根据音乐教育过程中教育者对于作品的演绎及作品内涵分析营造学习氛围、激发受教育主体的创造意识；音乐教育还可以训练受教育主体的创造性思维，在音乐教育过程中，受教育者需要进行音乐创作，将自身的经验和思想情感融入作品，逐渐形成创造性思维；音乐教育还可以为创造性的想象提供发展的可能，音乐教育过程中注重培养学生进行音乐创作的能力，是创造在教育教学活动中的具体体现；音乐教育还可以培养受教育者的元认知能力，学生在接受音乐教育的过程中，不仅提高了自身对音乐基础知识的认知，还能提高自己的音乐水平，培养自己的音乐能力。

## 第二节　音乐教育在特殊教育中的作用与意义

音乐教育是我国素质教育的重要内容，是实现受教育者全面发展必不可少的环节，尤其是在德育、美育等方面有着无可替代的价值功能。基于音乐教育的特点和价值功能，音乐教育在特殊教育中的地位尤其重要，不仅能够发挥音乐教育本身的社会价值和功能价值，而且其治疗作用也逐渐被人们重视。

在学科分类中，音乐教育与特殊教育是两个独立的学科，近年来才开始逐渐有交集，正因为如此，音乐教育在特殊教育领域中的发展还处于起步阶段。但是音乐教育的特征和价值决定了其在特殊教育中扮演着积极的特殊的角色。将音乐教育引入特殊教育，可以为特殊人群营造更好的教育氛围和教育环境，甚至有利于部分残疾人群的康复治疗。因此，分析音乐教育在特殊教育中的作用与意义，促进二者以合适的方式进行融合发展迫在眉睫。

音乐教育对于特殊教育而言有着重要的意义。学界对于音乐教育在特殊教育中的作用一直以来都有两种观点，第一种观点将音乐教育等同于音乐治疗，强调音乐教育在康复过程中的补偿作用，强调音乐治疗功能，而第二种观点认为在特殊教育过程中不应该只关注其治疗功能，同时也应该关注其教育职能，也就是说，既要疗养受教育者的身心健康，也要培养"艺术欣赏者"乃至"音乐艺术家"。

音乐教育在特殊教育中具有音乐治疗和教育教学的双重意义，具体来说，音乐教育在特殊教育中对于受教育者的作用可以概括为音乐治疗作用、教育认知作用、人际沟通能力培养、人格培养作用等。同时也不应该忽视音乐教育对于从事特殊教育的教育工作者的意义，音乐教育不仅改善了他们的工作环境，提高其工作效率，形成良好的工作态度，还能提高他们的教育教学水平，如为他们提供有针对性和特殊功能的教育内容和教育手段等。

## 一、音乐教育在特殊教育中对于受教育者的意义

对于受教育者而言，音乐教育的治疗功能不可忽视，但是近年来随着人们认知水平的提高，越来越多的专家学者及受教育者认识到了音乐教育在特殊教育中的教育功能，尤其是在我国的教育水平不断提高的情况下，这种认识观念上的进步是保证我国教育的全面性、实现人全面发展的重要手段。具体来说，音乐教育对于受教育者的作用有以下几点：

### （一）音乐治疗的作用

音乐教育在特殊教育中具有音乐治疗作用。在特殊教育中融入音乐，可以对特殊人群的生理和心理健康产生影响。音乐治疗不同于药物治疗，是一种特殊的治疗手段和治疗方式。其原理为音乐通过听觉神经传入大脑右半球，而大脑右半球是主导人类的情绪和行为的部分，声波经过大脑右半球后，传至网状结构和人体的其他部位进行整合加工，再通过传导纤维影响内分泌系统，如下丘脑、垂体等，促使其分泌激素、酶等，提高细胞的活跃程度，改善内分泌系统的功能。除此之外，还会通过声波振动使人体的颅腔、胸腔及脏器组织产生共振，影响人类的脑电波频率、心率、呼吸频率等。也就是说，音乐产生的这种外源性振动，会让人体内的细胞振动频率更为和谐，而聆听音乐，就像是为细胞进行了一场温柔舒适的按摩，最终达到改善人体健康的作用。针对特

殊受教育人群而言，以心理治疗相关的理论为基础，利用音乐的特殊效应，通过各种有针对性的音乐体验对其进行特殊教育，训练其阅读、行为、语言等能力，会对其产生康复补偿、治疗等作用，也就是音乐治疗的作用，最终达到消除心理障碍、促进身心健康的目的。而这种作用具体表现在对受教育者的"盲态"进行矫正，比如教师可以通过让特殊受教育人群欣赏悠扬舒缓的音乐旋律，让其放松身体，在欣赏韵律感强的音乐时，让其随着音乐的律动进行具有较高情绪意义的动作等，提高其肢体协调能力。在音乐教育的教学过程中，受教育者通过多次模仿和学习，能够提高身体的协调能力、平衡能力、肢体控制能力，可见音乐教育对于其智力水平和感知能力的提高有着重要的作用。

（二）教育认知的作用

音乐教育在特殊教育中具有教育认知作用。音乐教育是关于音乐的相关知识、技能等内容的教育培训体系，而在特殊教育中，音乐教育的教育功能往往会被人们忽视，但是其影响却是潜移默化的，人们对于知识的接受也是这么一个过程——了解知识、理解知识、学会知识、触类旁通、实践应用。而在特殊教育的授课过程中，教师通过传授有针对性的适合的教学内容展开素质教育，让受教育者接受关于音乐创作背景、作曲家的生平经历、音乐的地域性特征等知识性内容，还向其传授与音乐本身的韵律、曲调等创作方式有关的内容，将社会生活及思想情感通过音乐传达给受教育者，培养其对现实生活和思想世界的兴趣，进而培养其对美的感受和鉴赏能力，最终达到教育的目的，教会他们认识世界、改造世界。

（三）提高人际沟通能力的作用

音乐教育在特殊教育中具有提高人际沟通能力的作用。音乐不同于知识性学习的内容，具有社会性特点，无论是音乐学习、音乐欣赏还是其他的音乐教育学习，人与人之间的沟通活动必不可少。针对残疾学生而言，音乐教育的人际沟通能力培养同样是塑造其健全人格的重要途径。一方面，在音乐学习的过程中，教师与学生、学生与学生，甚至是学生与家长之间的沟通交流活动必不可少，在教学过程中，教师与学生会产生书面、语言、情感上的沟通，而音乐活动通常是合作进行的，学生与学生之间的沟通交流很频繁，而在学会一首作品时，学生可能会向家长进行表演，对于家庭关系的和谐也有促进作用；另一方面，音乐教育除让学生获得知识和技能外，还能提高学生的理解能力，这种理解能力不仅是对现实世界或者知识、思想的理解能力，还包括了理解他人的行为思想的能力，这里的"他人"既包括音乐创作者、知识传授者，又包括同为欣赏者的其他受教育群众。音乐可以形成一条纽带，让音乐爱好者突破主客观因素的限制而产生交流，比如在交流平台上，人们关于音乐的交流往往针对音乐本体的内容，不会对评论主体或者讨论主体的情况过多在意，这也是音乐教育培养人际沟通能力的重要佐证。

**（四）培养人格的作用**

音乐教育在特殊教育中具有培养人格的作用。音乐教育作为素质教育的重要组成部分，其培养健全人格的作用在特殊教育中也有重要意义。在特殊教育中，受教育者可以通过学习音乐相关知识和技能，培养审美观念，开发审美能力，陶冶情操，最终实现美育、德育，使自身朝着高素质人才的方向发展。具体来说包括三个方面的内容：首先是对受教育者情操的陶冶。音乐可以洗涤人的灵魂，音乐作品所传达出来的思想感情，对于有思考能力的听众来说并不单纯是一种听觉上的感官感受，而是在听觉刺激下获得的整体感受。由于音乐的通感作用，人们往往会产生联想和想象，引发情感反应，与创作者的思想感情和创作心境产生强烈的共鸣。其次是启发人的智慧。音乐可以培养受教育者的美学感知力、洞察力和想象力，不仅能让学生学会知识和技巧，还能让他们领悟作品背后深层次的内涵。而对于残疾学生来说，音乐是他们启发思维、找到新的人生途径的重要手段，不少残疾学生在音乐教育中发现了自己的天赋，在获得技能的同时也树立了自信心。最后是音乐教育具有独特的情感力量。这种情感力量有利于受教育者培养健全人格，比如：利用音乐家的人格魅力感染学生，培养其积极向上的人生态度，对学生人生观的树立有良好的示范作用；利用合唱等集体活动，培养学生的团结协作精神；让学生学会适度宣泄情绪，使学生保持一个正常的平衡的情绪状态；等等。

此外，音乐教育在特殊教育中还可以为其提供良好的教育环境。许多残疾学生在心理上抗拒这个世界，不肯接受新知识、学习新技能，对学习没有兴趣。但是音乐教育可以为他们提供一个比较舒适的教育环境，让他们在一个开放、活泼的环境中学习。具体来说，就是通过创造音乐环境，为学生营造合适的、能让他们感到愉悦的学习气氛，消除他们的心理阻碍和隔阂。在这种教学氛围中，教师把丰富的情感体验带给学生，让学生能够体验到生活的活力和音乐的美好，形成正向积极的生活态度，并且进一步营造一种良好的校园环境。通过开展各类需要合作的音乐活动，增强学生的合作意识和沟通能力，最终培养其独立生活的能力。

音乐具有强大的能量，而音乐教育可以让受教育者从身心两个方面感受音乐的魅力，全身心投入音乐节奏，感知音乐中的情感内涵，产生心灵上的共鸣，从而提高受教育者的审美能力，培养其审美意趣。这些作用对于特殊教育的意义也十分明显，对于残疾学生，教师在进行音乐教育时需要结合实际情况制订有针对性的教学计划，进行有益其身心健康的教育活动，最终实现学生的全面发展，并全方位提高学生素质。

## 二、音乐教育在特殊教育中对于教育者的意义

音乐教育对于教育者也有重要的意义，尤其是在特殊教育与音乐教育结合还不紧密的特殊教育领域。音乐教育可以为教育者提供新的教学内容、教学手段，提高教学水平，这也对教学者的专业素养提出了更高的要求。特殊教育也是我国教育体系的重要组成部分，所以不能忽视特殊教育的德智体美劳和全面素质教育。同时针对受教育群体的特殊情况，对于教学内容和教学形式的确定也有了更高的要求，而音乐教育在特殊教育中对于教育者的意义也是如此，具体内容如下：

### （一）调节情绪

对于教育者本身来说，音乐教育陶冶情操、调节情绪的作用同样适用。艺术可以给人带来美的感受和体验，在接触音乐的过程中，人们会受到音乐风格的影响，产生或平和或激昂的情绪。教师在音乐教学的过程中也会产生种种情绪，甚至可以说在特殊教育行业从事教育工作的教师有着很大的心理压力，教师可以通过音乐手段进行情感宣泄，平和心态，提高工作效率和工作水平，

更好地为学生传授知识和技能。可以说，音乐或者音乐教育对教师来说也是心灵休憩的港湾。

### （二）丰富教学内容

音乐教育为教育者提供了新的、有利于学生全面发展和身心健康的教学内容。音乐治疗具有一定的科学性，且不需要药物或者仪器的辅助，虽然目前对于这方面的研究还没有形成趋势，但是目前来看，合适的音乐教育对于受教育者的身心健康和发展都有重要的正向影响。因此，教师对于教育内容的选择非常重要。由于音乐教育的特征和价值功能，教师可以通过不同的教学内容实现不同的情绪传达效果。想要让学生获得舒缓情绪体验时，可以将教学内容确定为温柔恬静的轻音乐，如奥地利作曲家舒伯特的《小夜曲》、德国作曲家舒曼的《梦幻曲》等；想要调动学生的积极性时，可以将教学内容设置为情绪激昂的交响曲，在激烈的变奏中产生情绪的碰撞，如德国作曲家贝多芬的《C小调第五交响曲》等。除此之外，教师还可以在向学生传授音乐的同时，让他们对作品的时代背景等知识性内容有所了解。但是知识的教学是具体的，情感和思想的教学是抽象的，音乐教育在一定程度上也可以承担德育的责任，这对于教育者的教学能力有很高的要求。

### （三）提供教学手段

音乐教育也为在特殊教育领域工作的教育者提供了一种行之有效的教学手段，教育者可以通过音乐教育手段让残疾学生获得认识外部世界、获取信息、进行沟通的重要途径。音乐本身是一种听觉艺术，因此，音乐对人的感知系统有着重要的影响。在音乐教育中，学生可以通过音乐进行听觉训练，通过音乐欣赏及自身参与音乐实践，训练自己听觉及触觉方面的感知系统，提高灵敏性，增强感知能力和与外部世界的联系，让自己也能获得心智上的发展。

总体来看，音乐教育在特殊教育中的作用不容忽视，这也要求特殊教育的教育者和受教育者接受音乐教育这一形式，重视师资培养和课程设计，将以基础教学为主转变为将治疗与教育相结合的教学形式。可以看出，尽管音乐教育有治疗和教育两种功能，但是在康复治疗阶段，音乐教育执行治疗的功能，在教学阶段，音乐教育执行教学的功能，二者存在着割裂关系，这其实不利于音乐教育在特殊教育中发挥全部的作用及效应。为此，教育者应该提高自身的专业素质，不仅以培养学生的全面发展为目标，而且还要为此提高自己的教学水平，丰富教学层次，开创多元综合性的课程，在课程中用音乐辅助受教育者进行身心方面的康复工作。

## 第三节　普通音乐教育与特殊音乐教育的区别与联系

普通音乐教育和特殊音乐教育之间的关系并不是简单的包含关系。在当今社会，许多人将普通音乐教育和特殊音乐教育的概念混淆，这就导致了有些针对残疾受教育群体的音乐教育模式是对普通音乐教育的机械套用，这对特殊音乐教育的发展和其教育功能的发挥有着阻碍作用。虽然普通音乐教育与特殊音乐教育在教学内容、手段等方面存在一定的联系，但是二者的受教育对象不同，这就导致了两种教育在教学目标、教学方式及教学环境等方面存在着较大的差异。将普通音乐教育生搬硬套进特殊教育中只能起到消极的作用，常规的教学手段和教学方法并不适用于特殊教育。在进行特殊音乐教育时，应该秉承因材施教的教育观念，针对受教育者的特点制订特殊的教育方案，而且，特殊音乐教育也不是一套标准模式就可以适用于所有的特殊受教育群体的，要针对不同的特殊受教育群体类型，有针对性地制订合适的教育计划和教育手段。但是首先还是要将普通音乐教育与特殊音乐教育区别开来，才能讨论具体的教育实施计划。

### 一、普通音乐教育与特殊音乐教育的区别

普通音乐教育与特殊音乐教育的区别在于教学对象、教育者、教学目标、教学内容、核心能力培养、教学方式、教学环境等方面，具体区别如下：

#### （一）教学对象

从教学对象上来说，普通音乐教育的教学对象一般为具有一定音乐方面的基础知识或者对音乐有一定的兴趣、有培养音乐素养和训练音乐方面技能

意识的学生。而特殊音乐教育的教学对象包括想要获得音乐技能、了解音乐知识、具有音乐治疗需求等的学生。二者在教学对象上的不同也导致了教学目标和教学方法、模式上必然会存在不同之处，普通音乐教育的教育模式并不能完全适用于特殊教育。单从学生的角度讲，特殊音乐教育的学生一般是具有某些身体、心理或者社会障碍的学生，他们在思维方式、感官能力、行为特征或者沟通能力上不同于常人，而且对于他们的教育往往带有康复补偿的目的，考虑到教育对象的特殊性，在研究或者制订特殊音乐教育方案时要充分考虑教育对象的不同。

（二）教育者

从教育者上来说，普通音乐教育的教育者是掌握音乐知识并有教育资格的教师，对于他们来说，掌握教师的综合知识、有合格的从业素养和品格、专业知识过关、通过教师资格证的考试，就可以成为学科教师，尽管有教育层次上的差别，但是对教师的基本素养要求是一致的，差别在专业素养水平上。

而特殊音乐教育的教育者在符合普通音乐教育的教育者要求之外，还需要具备心理学和医学方面的知识，并且细化到不同的受教育人群上，向不同的特殊受教育者群体进行教学活动的教育者所需掌握的心理及医学方面的知识也不同。具体来说，向有视力障碍的学生进行教学的教师需要掌握基础的视力障碍方面的医学知识，比如在教学仪器的选择上，对于尚未完全失明的学生，尽量不要使用电子屏幕等会对其视觉系统产生刺激的仪器；向有听力障碍的学生进行教学的教师需要掌握基础的听力障碍方面的医学知识，比如要了解什么样的乐器和频率会刺激到其听觉系统，什么样的声波频率对学生听力的恢复有正向作用等；向有智力障碍的学生进行教学的教师需要掌握心理学和医学方面的知识，以便教师在教学过程中遇到紧急情况时，可以对学生进行安抚；向有孤独症的学生进行教学的教师也需要掌握相关的医学和心理学知识，避免教学内容对学生产生刺激，不利于其康复工作的开展。

（三）教学目标

从教学目标上来说，音乐教育属于素质教育，普通音乐教育的教学目标是通过音乐教育教学传达人类的思想、情感，反映现实生活，让学生对音乐这一学科产生兴趣，培养其音乐技能，使他们通过音乐赏析、音乐学习等方式形成审美感受和鉴赏能力、创造思维，从而使其塑造正确的人生观、世界观、价值观，在正确的思想观念的指导下认识世界、改造世界，促进受教育者个性和人格的完善，最终实现其全面发展，为国家、社会培养开拓型人才。

特殊音乐教育首要的教学目标是充分满足社会的需求和特殊教育学生的需要，在对他们进行基础音乐教育的同时，发掘其在音乐方面的潜能，培养其音乐素养，并且还要通过音乐教育增强其适应社会生活的能力，并且通过音乐教育的康复治疗功能，促进特殊受教育群体的身心朝着健康的方向发展，提高他们自立、自尊、自强、自信的品格，使他们具备生活自理的能力，从而让他们在掌握音乐知识和技能、收到良好的音乐治疗成果的同时，成为对国家、对社会有用的人才。基于这一目标，特殊音乐教育的主要任务是通过对特殊受教育群体教授演奏、歌唱、评价等内容，将音乐与历史、文化、语言及其他学科相联系，让学生形成系统的音乐知识体系，并且通过音乐实践和交流活动，让学生在音乐的启迪下弥补自身的不足之处，培养受教育者的感知能力，启发他们对音乐的兴趣，鼓励他们积极参与音乐活动，提高受教育者的身体协调性，矫正其感知、智力方面的障碍等。

不难看出，普通音乐教育和特殊音乐教育在根本目标上并没有区别，都是在我国总的教育目标（促进学生的全面发展）的指导下确定的，都以推动学生德智体美劳全面发展为根本目标。但是特殊教育目标与普通教育目标的不同点在于，特殊音乐教育的教育者需要结合教育对象的情况对教育目标进行调整，其目标更为细化。比如，对有听力障碍的学生来说，音乐教育的教育目标是培养他们对节奏的感知能力，通过配合音乐律动，优化他们的身体的协调能力；对有智力障碍的学生来说，音乐教育的教育目标是提高他们的思维能力、理解能力和沟通交流能力；对有视觉障碍的学生来说，音乐教育的教学目标是提高他们的记忆思维能力和专注力；对有孤独症的学生来说，音乐教育的教学目标是消除他们的心理障碍，缓解他们封闭自我的症状，培养其健全的人格。

（四）教学内容

从教学内容上来说，二者的不同之处在于以下几个方面：

普通音乐教育的学生往往存在一定的音乐基础，形成了初级的音乐知识技能体系，音乐教育是在对其现有体系进行扩展深化，促进学生的专业知识掌握程度向纵深发展，并且横向扩展基础知识。具体来说，普通音乐教育的教学内容包括两方面：第一方面为音乐基础教育，如乐器、演唱、音乐赏析、创作、音乐知识、音乐教育学、音乐治疗等内容；第二方面为音乐实践，包括音乐表演、音乐会、音乐比赛等。

特殊音乐教育的教学内容包括音乐欣赏、音乐表演、简单的乐器合奏或者独奏、音乐游戏等，在教学内容上也会体现康复补偿功能与教育教学功能相结合的特点。

从整体上看，普通音乐教育与特殊音乐教育在音乐课程的内容设计上区别不大，但是特殊音乐教育在教学过程中不能简单地实施统一内容的教学，而是需要根据特殊受教育群体的需求来设计有针对性的专门的音乐课程、音乐教材和教学内容、方式等，结合每个学生的身体情况和基本特征、尊重他们的权利、满足他们的合理需求来进行课程设计。也就是说在特殊音乐教育中，在进行某些普通音乐教育教学的同时，还要针对受教育者的特殊情况，在国家课程标准的指导下，对课程内容进行调整。比如：对有视力障碍的学生来说，对其进行表演或者节奏运动方面的教学并不合适，而音乐欣赏、乐器演奏、歌曲演唱等可能会有比较好的教学效果；对有听力障碍的学生来说，可以对他们进行表演性的训练，演奏部分乐器，但是一般情况下，歌曲创作、音乐欣赏、歌曲演唱等教学内容对他们来说不适合；对有智力障碍的学生来说，教学内容不受限制，但是教学难度要进行合理的调整，使之适合学生的情况；而对有孤独症的学生来说，对于他们的教育不太需要考虑学生的生理情况和知识接受能力，所以音乐教育的教学内容不是重点，其治疗意义要大于教育功能。

**（五）核心能力培养**

在核心能力培养上，普通音乐教育与特殊音乐教育的区别如下：

普通音乐教育培养的学生的核心能力是培养其音乐理论基础知识和实践应用能力、音乐专业技术知识和实践能力、音乐鉴赏能力，掌握基础的古今中外的音乐史相关知识及优秀作曲家、音乐流派的代表作品和特征、影响等内容，具备良好的音乐表演能力、乐器演奏能力等，了解音乐教育相关内容，具备广泛的艺术修养，等等。

而特殊音乐教育培养学生的核心能力有所不同，主要在于弥补学生自身的不足，发展其优势能力，并根据他们的身体情况和心理特征，进行有针对性的训练。比如：对于有视力障碍的学生，可以培养其乐器演奏和歌曲演唱的能力；对于有听力障碍的学生，可以训练其听觉能力和肢体协调能力；对于有智力障碍的学生，可以培养其感知能力和动作能力；对于有孤独症的学生，主要是通过音乐治疗提高其沟通交流的能力。同时，也要注意到，对于特殊教育的学生而言，早期教育的重要性更为明显，不仅是从教育的角度看是这样，从治疗和康复的角度看同样如此，在最佳康复期对学生进行音乐教育，也有利于培养他们的思维能力和语言能力等。

### （六）教学方式

从教学方式上来说，普通音乐教育与特殊音乐教育的区别如下：

普通音乐教育的教学方式是以三大教学法（达尔克罗兹教学法、柯达伊教学法、奥尔夫教学法）为基础形成的，应用在具体的教学实践上，首先需要针对学生的需求和基本情况准备适合其学习的音乐教材，融合创造性的音乐教学构建教学体系，营造个性化的课堂氛围；其次，通过歌唱教学法对学生进行教育，采用无伴奏演唱的方式，让学生跟随音乐的节奏和律动进行学习，培养其节奏感，锻炼学生的音乐能力，增强学生的音乐素养，营造互动式的课堂氛围；最后，在课堂上进行动态的音乐教学，教师通过肢体动作表演音乐，传递情感，激发学生的想象力，形成开放式的课堂氛围。普通音乐教育不仅要让学生通过听、说、读、写等传统教育方式学会如何聆听旋律、了解音乐的相关知识，还要让学生通过各种方式感受音乐，使自身融入音乐，培养学生的感官能力和对音乐的反应能力。

而特殊音乐教育的教学方式除了要遵循普通音乐教育的教学方式，还需要针对教学对象的需求和基本情况，采取有针对性的、特殊的教育方式和手段，在有需要的情况下，还可以借助专业的特殊设备和举措，协助学生克服身心方面的困难。尤其是要注意特殊受教育群体的心理情况，在教学中，秉承以人为本的观念，尊重学生的主体地位，培养他们自尊、自信、自立、自强的心理观念，关心学生、理解学生、信任学生，有爱心、信心、责任心，相信学生的潜能，平等对待、宽容爱护，让学生在和谐友爱的氛围中接受教育，消除他们的心理障碍。除此之外，特殊音乐教育也要根据教育对象的特点，采取因材施教的分层教学方法，针对不同受教育群体的特点，采取不同的教学方式。比如：对于有视觉障碍的受教育群体，教师可以使用特制的教学材料进行音乐教学，如使用盲文乐谱进行教学；对于有听觉障碍的受教育群体，教师在教学手段上可以使用打击类的乐器来进行教学，引导学生注意音乐的节奏，以鼓为例，虽然有听觉障碍的学生无法听到声音，但是可以通过击打鼓产生的地面振动让学生感受到音乐的节奏；对于有智力障碍的学生，教师的教学方式需要更为直观、具体、形象，满足学生的学习需求，提高学生的感官能力和抽象思维的能力，增强其自理能力和社会适应能力；对于有孤独症的学生，在教学方式上教师需采用分解式教学，在教学作品的选择上不能选取复杂、过长的音乐作品，需要选择旋律简单、风格欢快活泼的作品，首先是音节，其次是乐句，最后让学生掌握全部歌曲。总体上讲，特殊音乐教育往往应用适应性的教学方法和课程，有利于学生的发展，提高教育效果。

### （七）教学环境

教学环境主要包括教学场所和教育设施。在教学环境上，普通音乐教育和特殊音乐教育存在的区别如下：

普通音乐教育的教学场所通常包括幼儿园、中小学课堂、高等教育课堂、专业培训机构等，形成了以学校教育为主的教学场所特点，此外，为满足教学实践的需要，有时还会选择演奏厅、艺术中心、录音室、舞台场所等。而普通音乐教育的教学设施主要包括基本教学设施、音乐器材等。

特殊音乐教育则会选择特殊的教学场所来进行教育活动，如特殊教育学校、特殊教育机构等。尽管在"教育平等"的口号下，许多人提倡常态受教育者和特殊受教育者一起接受教育，但是由于二者的基本情况和教育需求的不同，统一教育的教学效果并不理想。除了在学校接受教育，有些学生在非学校的环境中接受特殊音乐教育，比如在社区或者文化娱乐场所开设的针对特殊学生的音乐学习课堂上接受音乐教育，在家中或者福利机构对其进行音乐教育等。而在教学设施的选择上，需要使用满足个性化、无障碍等原则的教育设施，并且针对不同的特殊受教育者群体的特点，配备适合的教育设施。如对于有听力障碍的学生，教师要以视觉教育为主要方式，如果课堂上有残余听力的学生，需在课堂上配备扩音设备以满足教学需求；对于有视力障碍的学生，教师要以听觉教育为主要方式，如果课堂上有低视力的学生，需配备放大器及大字号的教材等。

## 二、普通音乐教育与特殊音乐教育的联系

从以上内容不难发现，普通音乐教育与特殊音乐教育有着千丝万缕的联系，特殊音乐教育是音乐教育与特殊教育相融合的产物，为适应教育对象的特点，对普通音乐教育的教学体系进行有针对性的调整，以达到特殊音乐教育的目标。

可以说，普通音乐教育是特殊音乐教育的基础，普通音乐教育为所有衍生的音乐教育类型提供了标准的模板，在教学目标、教学内容、教学方式等方面设置了一套适合所有教育模式的范式，其促进学生全面发展的教育目标同样适用于特殊教育之中。普通音乐教育与特殊音乐教育都以培养学生的音乐素养和审美能力为目的，对其进行美育和德育，促进学生德智体美劳全面发展，最终使学生成为对国家、社会有贡献的人。在教学内容上，普通音乐教育和特殊音乐教育的教学内容都包括音乐基础知识、音乐技能培训、音乐鉴赏能力等，这是由音乐的艺术性质决定的。而在教学方式上，普通音乐教育与特殊音乐教育都是以三大音乐教学法为基础，在注重学生学习能力的培养的同时，让学生沉浸到音乐中去，感受音乐的魅力，更好地接受音乐对人产生的正向效果。

特殊音乐教育需要普通音乐教育与学生自身特点相适应，根据因材施教的教育理念，对待每一个学生都应该采取适合其学习的教育方式，特殊音乐教育也不例外，不能对普通音乐教育体系进行生搬硬套，那样反而会降低音乐教育的效果，特殊音乐教育恰恰是在普通音乐教育的基础上进行适应性改变和发展的产物。

正是因为特殊音乐教育与普通音乐教育既有区别又有联系，所以在研究特殊音乐教育的方法和实践过程中，需要在对普通音乐教育的基本知识及普通音乐教育与特殊音乐教育的区别与联系有一定了解的基础上展开研究分析，才能正确认识特殊音乐教育的意义和作用。

# 第三章 特殊音乐教育概述

# 第一节 特殊音乐教育的概念

## 一、特殊音乐教育的概念

特殊音乐教育是指以音乐训练为手段，对有心理障碍和生理障碍的儿童进行矫正，以改善患者记忆力、注意力及其他身体和心理缺陷带来的心理问题，进而提高其创造力、想象力及审美情趣，进一步增强患者的身体协调能力的音乐教育。特殊音乐教育是特殊教育与音乐教育的交叉性学科，特殊音乐教育的主要教育对象为有心理障碍和身体障碍的儿童，如有视觉障碍、心理障碍、听力障碍及智力障碍等的儿童。

## 二、特殊音乐教育的性质

所谓的特殊教育是指运用特殊的方法、设备和教材对有心理障碍和身体障碍的儿童进行的教育，主要由实施学前教育和义务教育的教育机构提供，是为了满足特殊儿童的教育需要设计的教学、教育及康复等相关服务。针对特殊儿童进行的音乐教育，其性质主要有以下几点：

### （一）特殊音乐教育是塑造"人"的教育

音乐教育最本质的特征是对"人"的塑造，其次才是审美教育。特殊音乐教育的目标也是塑造身心健康的人，这与普通音乐教育的目标是一致的。特殊音乐教育的对象都是具有一定心理或者生理缺陷的少年儿童，尤其是部分由于生理缺陷而有心理障碍的儿童，其心理问题较其他儿童更为严重，这就需要音乐教育发挥其自身的优势，对这些具有严重心理障碍的儿童进行人格重塑，帮助他们建立积极向上的人生观，促进其心理健康发展。

### （二）特殊音乐教育是审美教育

审美性也是音乐教育的主要特征之一，特殊音乐教育的目标是在塑造完美人格的基础上，培养少年儿童的审美情趣，让特殊少年儿童通过音乐教育，提高对音乐鉴赏美、表现美的认知，这与普通音乐教育的目标是一致的。因此，审美教育是塑造健全人格的前提条件，也是"育人"的主要方式。对特殊少年儿童进行长期的、不间断的美感教育，才能对学生的情感状态和意向施加影响，从而形成审美情操，进而影响和完善特殊少年儿童的人格发展。

### （三）特殊音乐教育是特殊教育的一门重要课程

音乐教育是九年义务教育阶段一门必修的课程，特殊音乐教育是特殊教育和音乐教育的交叉学科，特殊音乐教育的对象主要是有身体障碍或心理障碍的特殊少年儿童，作为少年儿童中的特殊群体，他们同样具有接受义务教育的权利和义务。《义务教育音乐课程标准》指出，音乐课是人文学科的一个重要领域，是实施美育的主要途径之一，是基础教育阶段的一门必修课。由此可见，音乐教育也是特殊教育学校必不可少的一门审美教育课程。

## 三、特殊音乐教育的发展概况

### （一）中国古代特殊音乐教育发展

中国最早的特殊音乐教育可以追溯到商周时期，瞽宗是专门的音乐教育机构，主要为皇室的大型礼乐活动培养盲人乐师。《诗经·大雅·灵台》中也有关于盲人乐师在祭祀灵台时演奏场景的记载；《诗经·周颂·有瞽》中也记载了盲人乐师在周庙演奏音乐，祭祀先祖神灵的情景。由此可以看出，在商周时期我国就有了残疾人的音乐教育，但尚未发现关于听障人士和智力缺陷的残疾人接受音乐教育的史料记载。这种残疾人的音乐教育现象是应宫廷的礼乐活动和娱乐表演的需要而产生的，不是真正意义上的特殊音乐教育。

### （二）近现代的中国特殊音乐教育

中国近代，太平天国后期的军师洪仁玕在《资政新篇》中提出兴建聋人学校的建议，并建议"请长教以鼓乐书数杂技"，希望通过特殊教育使残疾人能够自己谋生，以免成为废人。但由于太平天国运动的失败，这一建设性的意见随之流产。中国真正意义上的特殊音乐教育学校，是1874年由英国牧师威廉·穆瑞（William Murray）建立的"瞽叟通文馆"，位于北京甘雨胡同教会内，该馆是中国最早的特殊教育学校，音乐教育是其主要课程之一。随后，特殊音乐教育学校陆续出现。1916年，"长沙导盲学校"建立，该校由刘先骥先生创办，是目前公认的最早由中国人自己创建的特殊教育学校，该学校也开设了音乐课程。

### （三）中华人民共和国成立以后的特殊音乐教育

1949年，中华人民共和国成立。政府部门将原有的特殊教育学校资源进行了整合，并在此基础上新办了一批特殊教育学校，中国特殊教育取得了较大的发展。目前，根据教育部提供的数据来看，我国共有特殊教育学校1618所，其中盲人学校33所，聋人学校579所，智障学校380所，其他学校626所。由此可见，特殊教育在中华人民共和国成立后取得了较大的发展。但同时我们也应该看到，音乐教育是基础教育阶段进行素质教育的必修课，对数量如此庞大的特殊人群进行有效的音乐教育，仍然是特殊教育面临的重要问题。

## 四、特殊音乐教育的学科定位

特殊音乐教育作为一个新兴的学科，其学科定位一直没有受到学界的足够重视，教学理论与教学模式也不够成熟，因此对特殊教育学科重新进行定位具有重要的意义。

### （一）特殊音乐教育的定义解读

简单来说，特殊音乐教育就是聋人学校、盲人学校、培智学校进行的音乐教育，是义务教育阶段普通音乐教育的重要组成部分，是教育的下位概念。教育是指通过教学手段，培养人的素质，丰富人的科学文化素质等，是一种社会活动。主要包括三个基本要素，即施教者、受教者、教育方法及措施。狭义的教育是指学校按照一定的教学目标，有计划、有目的、有组织地对受教者进行教化的行为。特殊音乐教育作为特殊教育与音乐教育的交叉学科，要准确理解其定义，首先应该对特殊教育与音乐教育有清楚的认识与理解。

1. 特殊教育

特殊教育同普通教育一样，其基本内容主要包括教育对象、实施机构、教学措施等。从教育对象来说，特殊教育主要针对有心理问题和生理问题的青少年儿童，其教育对象有别于普通青少年儿童，在对教育内容的接受方面存在障碍；从实施机构来说，特殊教育由专门针对各种特殊儿童的专门教育机构来实施，具有明确的针对性，如针对听障青少年儿童的聋人学校、针对智障儿童的培智学校、针对视障儿童的盲人学校等；从教育措施和方法来看，特殊教育的内容和教学模式都区别于普通学校，是一个专门的独立学科，是教育的一个重要组成部分。其教材、教学设计、教学模式及教学设备，都是针对特殊青少年儿童选择和制定的，是一种个性化的、指向性很强的教育。

2. 音乐教育

音乐教育是通过音乐影响人的思想感情、思维品质和增进人的知识技能的行为活动。音乐是人类表达情感的主要方式，具有非语义性和不确定性。音乐教育是实现审美教育的主要途径，是义务教育阶段的必修课。主要通过对视唱、识谱、演奏等音乐理论知识的讲解和学习，通过专业的教学设计和教学模式，让学生在实践过程中逐步提高音乐文化素质，进而影响学生的情感状态和思维模式，使其形成科学的审美情操和健全的人格特质。音乐教育按其性质可以分为普通音乐教育和专业音乐教育。普通音乐教育按发展阶段可以分为基础音乐教育和高校音乐教育，按教育对象可以分为社会音乐教育和师范音乐教育等。在教学方法上主要强调以情动人、以美感人。

3. 特殊音乐教育

特殊音乐教育是特殊教育与音乐教育的交叉学科，与二者之间既有共性，也有个性。从教育对象的共性来看，主要体现在基础阶段的音乐教育当中，基础阶段的音乐教育对象都是青少年儿童；从教育对象的个性来看，特殊音乐教育对象是青少年儿童中的特殊群体，即有心理问题和生理障碍的青少年儿童。从教育的硬件环境的需求来看，特殊青少年儿童的音乐教育对设备的要求比较特殊，对不同生理障碍的儿童应有针对性地提供适合其自身特点的音乐设备，这类特殊青少年儿童往往对环境的安全性要求更高。从教育的软件环境来看，青少年儿童都是国家重点保护的对象，都有接受义务教育的权利和义务。而国家也有专门性的法规文件对特殊青少年儿童的教育进行指导。

（二）特殊音乐教育的目标与学科定位

教育的目标决定着课程的内容和教学方法，具有健康的审美情趣是特殊教育的教学目标之一。1998年，教育部颁布了《特殊教育学校暂行规程》，规定特殊教育学校应当重视体育和美育的工作，要求学校上好艺术类课程，注意培养学生兴趣。音乐教育是培养学生审美情趣的主要途径之一，作为音乐教育与特殊教育的交叉学科，特殊青少年儿童的音乐教育也是培养"完整人"和塑造健全人格的有效途径，是提高人文素质教育和艺术教育的重要载体。

《义务教育国家课程设置实施方案》规定在义务教育阶段，艺术（音乐或美术）的课时比例要达到9%～11%，可见音乐教育在义务教育阶段是非常重要的。特殊音乐教育作为基础教育阶段音乐教育的重要组成部分，对其教学目标、教学内容、教学课程重新进行定位，对教学体系、教学方法进行深入研究，让其在特殊教育中发挥应有的优势，具有重要的意义。

## 第二节　特殊音乐教育的内涵

### 一、特殊音乐教育的对象

特殊音乐教育的对象主要是有心理障碍、性格缺陷和生理缺陷的青少年儿童，既包括小学阶段的儿童，也包括中学的学生，即未满18周岁的特殊未成年人都是特殊音乐教育的对象。具体概括起来主要有以下几种：

#### （一）智力障碍儿童

智力障碍儿童是指智力明显低于一般水平的儿童，造成智力障碍的原因是多方面的。一方面是大脑受到器质性损伤或者遗传因素中染色体畸变引起的大脑发育不全，导致智障儿童的认知活动出现障碍，这主要是由先天因素造成的。另一方面是由后天的因素造成的，而后天的原因可能是脑部受到损伤或碰撞，或者外在事物的刺激，如大脑受到物理、化学或病毒等因素的损伤使原来正常的智力受到损害，或者事故（如车祸、碰撞）等引起大脑损伤，从而导致智力受到影响。与正常的儿童相比，智障儿童在心理和生理上都存在较大的差别，不同类型的智障儿童有不同的表现。主要表现为行为过分、精神萎靡、反应迟缓、神情呆滞、思维混乱等。

## （二）视觉障碍儿童

视觉障碍儿童与盲童是有区别的。盲童通常指完全看不见东西的儿童，而视觉障碍的范围更广，不仅包括盲童，也包括低视力的儿童。造成视觉障碍的原因有很多种，如眼球、视觉神经及其附属器官引起的视力障碍，眼外伤导致的视觉功能障碍，等等。从发病进程来看，有急性视力障碍、慢性视力障碍、一过性视力障碍和固定性视力障碍；从视力障碍的种类来看，主要有青光眼、白化病、白内障、散光、糖尿病性视网病、早产儿视网膜病等。初生儿一般通过视觉体验来取得与外界的联系，一旦失去视力，就无法获得这种直观的体验。从而影响儿童对世界的认知能力、理解能力及语言表达的精准能力。

## （三）听觉障碍儿童

听觉障碍儿童是听觉系统的某一部位发生病变或损伤，导致听觉功能减退或丧失，造成语言交往困难的儿童。按导致障碍的部位，听力障碍可以分为感觉神经性听觉障碍、中枢神经性听觉障碍和传导性听觉障碍三种类型；按发生的年龄可分为学语前听觉障碍和学语后听觉障碍。学语前的儿童一般在语言学习中处于不利地位，他们很难通过学习获取完整和正确的语言信息，进而造成严重的生活问题。引起听力障碍的原因也有两种，即先天因素和后天因素，先天因素主要包括基因遗传、早产、母亲孕期麻疹等，由先天因素引起的听力障碍大约有一半是基因变异引起的。后天因素主要包括儿童幼年时发生脑膜炎、中耳炎、高烧、传染病等留下的后遗症，或者噪声刺激等。

## （四）语言障碍儿童

语言障碍儿童的主要症状是语言发育迟缓，表达能力差。是由先天或后天因素对大脑造成的损伤或者发育迟缓所引起的。发育性语言障碍是由于发育迟缓引起的语言障碍，即小儿能够理解语言，但无法正确表达，口语表达应用能力显著低于其智力年龄应有的水平，但语言理解能力在正常范围内，可能伴有发音异常现象。感受性语言障碍，即幼儿对语言的理解和表达都有障碍，对语言的理解低于其智力年龄应有的水平，这类儿童的语言表达都显著受损，常常表现为语言发育异常。有语言障碍的儿童在学习上表现为阅读困难，而感受性语言障碍的儿童阅读能力更差，并常伴有计算困难的问题，需要接受特殊教育，入学后常常会出现焦虑、多动、烦躁等明显的情绪障碍。

## 二、特殊音乐教育的目标和内容

### （一）特殊音乐教育的目标

特殊儿童的音乐教育在教育总方针上与普通儿童的音乐教育是一致的，都属于义务教育阶段的审美教育，都是为了开发学生的音乐潜能，使其从中受益。但由于特殊音乐教育的对象——特殊儿童群体具有特殊性，因此在教育过程中，教材的选择、教育的内容、音乐教育实施的方式都应根据实际情况考虑特殊儿童的具体需求。从特殊儿童个体的生理特点及活动特点出发，通过音乐教育的训练和对音乐的感受，给予他们生理和心理补偿。

特殊儿童由于生理特点和心理特点有异于普通儿童，因此心理较普通儿童更为敏感、脆弱。特殊音乐教育的目的是通过教儿童唱歌、识谱、感受音乐、演奏乐器、评价音乐，使特殊儿童获得公平的音乐教育权利，让特殊儿童的个性得到充分的尊重与发展。通过歌唱、演奏和音乐律动活动，可以培养特殊儿童对音乐的感受能力和表现力，进而激发他们对音乐的学习兴趣和参与热情，改善其对待生活的态度，最终达到审美教育和思想品德教育的目的。通过各种音乐活动还可以培养学生的节奏感、注意力、表现力和动作的协调性，从而改善和矫正视力障碍儿童和智力障碍儿童的部分问题，促进特殊儿童的身心健康发展。

### （二）特殊音乐教育的内容

1. 智力障碍儿童的音乐教育内容

智力障碍儿童的主要特征为智力低下、理解能力差、精神发育不健全。这类儿童中有的症状较为严重，有的症状相对较轻。但对大部分智力障碍儿童来说，他们和普通儿童一样，都比较喜欢音乐。音乐教育对他们来说，不仅具有审美教育作用，还有初步的治疗作用。智力障碍儿童的音乐教学内容主要包括歌唱教学和节奏教学两项内容。

（1）歌唱教学

对智力障碍儿童的歌唱教学与普通儿童相比，更具有难度。教材的选择、教学方式的使用及教学过程都要适应他们的实际情况。首先，要选择适合智力障碍儿童群体的教材，教学的内容要生动形象、浅显易懂；其次，歌曲内容要简单，适合反复练习；再次，在教学方法上，要结合现代化的教学工具，如多媒体、幻灯片等进行教学，这样有助于特殊儿童对歌词的理解。

（2）节奏教学

节奏教学可以通过律动操、小组合奏、打击乐器等形式进行自由表演，在表演过程中通过跳跃、伴随音乐节奏感受熟悉的歌曲来锻炼智力障碍儿童的身体协调性。

2. 视力障碍儿童的音乐教育内容

视力障碍儿童主要分为全盲和弱视两种。视力障碍学校的儿童音乐教学课程内容和普通学校的课程内容没有太大差别。除了义务教育阶段包含的课程，视力障碍学校更注重听觉和触觉的锻炼，同时增加了盲文课程，以此弥补视障儿童的视觉缺陷。由于视觉上的缺陷，视障儿童在听觉上往往较普通儿童更为灵敏，这就要求视障学校的教师在对视障儿童进行音乐教育时，要充分发挥视障儿童的听力优势，加强视障儿童听觉和音乐表现力的训练。视障特殊教育学校的音乐教育内容和普通学校大致相同，但在教学方式上有别于普通学校的音乐教育。

（1）歌唱教学

歌唱教学几乎是大多数音乐教学中的必修内容，但由于视障儿童的自身缺陷，他们只能用其他的感官去感受或接触世界。如视障儿童对歌唱的口型、歌唱的姿势及歌曲的曲谱都无法直观认识，因此很难掌握。必要时，教师可以借助触觉让学生感知，并进行耐心引导。

（2）器乐教学

视障学校和普通学校一样，也进行器乐教学。由于视障儿童具有灵敏的听力和触觉，因此木琴、竖笛、口琴等同样适用于视障儿童。

（3）识谱教学

视障学校都开设有盲文课程，在视障儿童对盲文掌握的基础上，教师在教学过程中可以采用盲文教学。视障儿童由于自身条件的限制，不能像正常儿童一样进行乐谱的视唱练习，因此可以借助点字乐谱，尽量理解、记忆音的时值、高低等内容。

（4）律动教学

律动教学是指通过身体的各种富有韵律的动作使视障儿童感知和理解音乐要素。通过由简到难的逐步提升，将音乐教育与体育教育和身体保健相结合，从而弥补视障儿童视力受限造成的行动不便等不足。

3.听力障碍儿童的音乐教育内容

听力障碍可以分为重听和全聋两类，主要由先天因素和后天因素造成，部分听力障碍儿童还伴有不同程度的语言障碍。他们听不到美妙的声音，语言能力也受到极大的影响，因此，无形中增加了音乐教育的难度。在实际教学过程中，教师要发展和保护听障儿童的残余听力，并借助助听设备进行必要的音乐教育，也可以通过扩音器利用听障儿童腹部、头部等处的皮肤对振动的感觉进行音乐教学。听障学校的音乐教育内容主要包括基本训练、律动教学、器乐演奏教学等内容。

（1）基本训练

通过特殊的训练手段，对音响的开始与结束，根据和弦做动作等反应训练。

（2）律动教学

生理缺陷严重影响了听障儿童对音乐的感知能力及对音乐要素的感受、表达和欣赏能力。因此，可以通过律动教学开发听障儿童的音乐潜能，用身体动作表现音乐的内容，发挥听障儿童的其他优势，以此弥补他们身体和心理上的缺陷。这不仅是满足听障儿童的审美教育的需要，也是尊重听障儿童人格尊严的重要表现。

（3）器乐演奏

在掌握基本乐理知识的基础上，可以通过节奏乐器和旋律乐器进行器乐演奏，加强听力障碍儿童的乐器学习。听障儿童学习器乐时，教师既要根据听障儿童的实际情况选择乐器，还要选择合适的乐曲。乐曲的选择要遵循器乐技巧的学习和训练的规范，还要遵循音乐审美教育的美感要求，通过对器乐的学习，达到培养听障儿童思想品德和陶冶情操的目的。

### 三、特殊音乐教育的内涵

所谓的内涵是指一个概念所反映的事物的本质属性的总和，也就是概念的内容。关于特殊音乐教育的内涵，目前流行的观点主要有以下几种：

#### （一）特殊音乐教育的实质是音乐治疗

对特殊儿童进行音乐教育的目的在于康复补偿，这是由特殊儿童的内部需求所决定的。特殊儿童的内部需求，一方面是身体层面的需求，另一方面是精神层面的需求。身体层面的需求如律动操的训练可以增加智障儿童、听障儿童的身体协调性；特殊儿童虽然有生理缺陷或心理障碍，但是他们都渴望被尊重、渴望美的体验，音乐教育能够让他们在学习的过程中体验到身心的愉悦，这有助于他们的身心康复，这是他们精神层面的需求。音乐活动作为一种手段，可以实现对特殊儿童身心健康方面的调试与改善。特殊音乐教育主要结合特殊儿童身心发展的特点，以音乐教育为主要内容，通过特别的课程设计、教学方法与教学过程，最大限度地帮助其身心恢复健康，从而提高他们的社会适应能力。此外，特殊音乐教育除了普通音乐教育具备的功能，还有一个主要功能是减少或消除身心缺陷给特殊儿童带来的负面影响。

#### （二）挖掘和培养儿童的音乐潜能

但也有学者认为，特殊音乐教育关注更多的是音乐治疗的价值，却忽略了音乐教育的本质，即审美教育。特殊儿童虽然在身心方面有所缺陷，但他们也有接受音乐教育的权利和全面参与音乐活动的需求。因此，在对特殊儿童进行音乐教育过程中，要以人本主义教育为原则，真正唤起特殊儿童对音乐的学习热情和创作热情，让他们在学习音乐和感受音乐的过程中形成美感体验，在更高的精神文化层次获得满足。此外，在音乐学习的过程中，要结合特殊儿童的身心特点，充分挖掘和培养他们的音乐潜能。通过特殊的媒介和教学方法，培养特殊儿童的音乐鉴赏能力，丰富他们的想象力，锻炼他们的思维能力，激发他们对美好生活的追求。

## 第三节 特殊音乐教育的价值

随着社会政治经济的发展和人类文明程度的不断提高，关心患有身体残疾和心理障碍的青少年和儿童，帮助其回归主流社会，融入温暖的社会大家庭，已经成为现代社会的共识。特殊音乐教育作为特殊教育和音乐教育的交叉学科，不但可以增强学生的感知力、审美力，还可以起到陶冶情操，培养美德，发展思维和丰富生活等作用。特殊教育学校作为面向特殊群体的教育机构，建立特殊音乐教育体系，开展特殊音乐教育活动，对促进特殊少年儿童的身心健康发展具有重要的意义。

### 一、特殊音乐教育针对不同特殊儿童群体的价值

#### （一）音乐对视障儿童的教育价值

视障儿童的音乐教育与其他特殊儿童的音乐教育相比，所体现出来的作用更加明显。

首先，特殊音乐教育可以促进视障儿童的审美教育。音乐教育对于视障儿童来说，受到的限制相对较小。音乐教学中的歌唱教学、器乐教学由于对空间要求不高，运动范围相对较小，因此几乎对视障儿童没有太大影响。相反，视障儿童由于视力受限，其听觉较普通儿童更为灵敏，其在音乐上的天分常超过常人，如我们所熟悉的盲人阿炳，他的《二泉映月》至今仍为大家所喜爱。其次，音乐教育可以促进视障儿童的心理健康。音乐欣赏具有调节情绪、缓解抑郁、抒发心情等作用，大多数视障儿童由于视力问题，都或多或少存在抑郁或者自卑感，严重影响其身心的健康发展。音乐以其特有的形式，通过不同的节奏和音色，为视障儿童打开一条与外界对话和交流的通道，在交流中，视障儿童可以逐渐找回自我，从而增强自我意识和安全感，舒缓的音乐可以促进患者的身心康复。再次，音乐教育可以进一步增强视障儿童的听力。由于视力障碍，视障儿童的听觉比较灵敏，如果特殊音乐教师有意识地训练视障儿童的触

觉和听力，那么他们的听力会进一步增强。最后，特殊音乐教育有助于恢复视障儿童的身体机能。由于视力缺陷，视障儿童的体力运动相对较少，而音乐教学中的律动操训练可以有效增加视障儿童的活动量，增加视障儿童的动作协调和肌肉力量，从而激发视障儿童的活力与音乐学习兴趣。

### （二）音乐对听障儿童的教育价值

对听障儿童进行音乐教育，在古代是难以想象的。听障儿童由于身体缺陷，难以感知音乐，所以对听障儿童进行音乐教育是一件非常困难的事情。但这并不意味着对听障儿童是无法进行音乐教育的，随着科学技术和医学研究的发展，音乐教育对听障儿童的教育领域也逐渐拓展，并开始在特殊教育学校发挥着重要的作用。

首先，特殊音乐教育可以让听障儿童逐渐感知音乐。对普通儿童来说，音乐是一种悦耳动听的声音，可以让人产生愉悦的心情，但对听障儿童来说，音乐可能是一种触手可及的振动，抑或一种感觉。因此，让听障儿童通过触觉来感受音乐带来的振动和节奏，进而使感知音乐成为一种可能，特殊音乐教育可以让音乐进入听障儿童的内心，以此来唤醒听障儿童对音乐的认知。其次，教师可以利用听障儿童的身心特点发掘其音乐潜能。患有听力障碍的儿童主要有两种，一种是听力系统有问题，发音系统没有问题的儿童，另一种是听力系统和发音系统都受损的儿童。音乐教师可以在音乐教育过程中，采用不同的方式发掘听力障碍儿童的音乐潜能。对于发音系统没有问题的儿童，可以采用唇读的方式，通过观察演唱者的口型、肌肉活动和面部表情，与脑海中的词汇、概念相联系，使其逐步掌握发音技能，进而通过演唱的方式来表达自己的内心世界；对于听力系统和发音系统都受损的儿童，可以培养他们的乐器演奏技巧。再次，特殊音乐教育可以培养听障儿童的思想品德和健康人格。听障儿童由于听力障碍和语言障碍，往往伴有自卑、孤独、消极、焦虑等不良情绪，对他们进行音乐教育，可以在一定程度上缓解他们的这些不良情绪。

### （三）音乐对智障儿童的教育价值

智障儿童的主要特征是理解、记忆、观察、想象等能力相对较低。在学习方面，智障儿童学习持续性短，知识应用能力较差，缺少抽象思维；在感情方面，智障儿童思想单纯，性格比较直率；在沟通方面，智障儿童语言表达能力较差，常常词不达意，不能独立处理问题。追溯西方的音乐治疗历史，19世纪中叶开始，就有学校利用钢琴、吉他等乐器来提高智障儿童的语言表达和社会交往等技能。从世界各国治疗智障儿童机构的治疗方式和治疗效果来看，音乐可以引导人的情绪反应，提高人的语言表达能力、记忆力、观察力、想象力和创造力，从而提高人的身体协调性和智力水平。因此，对智障儿童实施音乐教育和训练，是促进他们心理健康、改善他们智力水平和提高其社会适应能力的主要途径和方法。

首先，与其他学科相比，智障儿童对音乐的反应能力和接受能力比其他学科更强。智障儿童虽然在语言表达能力上比较差，但他们却能对音乐做出良好的动感反应，音乐的节奏感可以带动他们身体动作的协调性，让他们在音乐学习的过程中逐渐找到自信和表现力，从而增强与人的沟通能力。其次，有组织的音乐活动可以激发智障儿童的团体协作能力。歌唱、演奏和律动操表演，可以让他们在群体生活中感受团体协作带来的愉悦体验，让他们在群体生活中感受共同协作带来的荣誉感和幸福感，经常组织这样的音乐活动，可以最大限度地激发智障儿童的内在潜能。再次，音乐活动有助于智障儿童的语言学习。音乐和语言具有紧密的联系，部分智障儿童语言能力发育较晚，很难与人进行正常的交流和沟通，音乐教育可以为智障儿童学习语言打下良好的基础，促进其语言能力的发展。

## 二、特殊音乐教育的现实价值

在世界各国都有不同程度的残疾人，他们的存在是一种普遍的社会现象。由于家庭和社会的原因，他们的生存状态各异，给家庭和社会造成了不同的影响。如何改善他们的生活状态，让他们有尊严地生活，是当前国家、社会和特殊教育学校都应考虑的问题。音乐教育作为特殊教育学校的一个重要科目，在特殊教育中扮演着重要的角色。

### （一）促进特殊儿童人格的健全发展

从教育部的调查数据来看，特殊青少年儿童是一个很庞大的群体，他们和普通青少年儿童一样，将来都会步入社会。但由于生理缺陷和心理障碍等原因，他们很难接受系统的高等教育，再加上自身的缺陷和生存技能的欠缺，日后步入社会必将给家庭和社会造成沉重的负担。作为特殊教育学校，应该在生存技能和人格培养方面根据他们自身的特点制订相应的教学计划。音乐教育作为独特的教学科目，在促进儿童人格健全方面具有重要的作用。一方面，可以通过音乐教育促进他们发挥潜能，掌握适合他们生理特点的一技之长，为日后融入社会谋生打好基础，为国家、社会和家庭减轻负担；另一方面，音乐教育可以培养特殊儿童的健全人格，消除他们的自卑心理，乐观面对人生中遇到的任何困难，在日后的生活中尽量能够自食其力。

**（二）促进特殊儿童的审美情趣培养**

音乐教育的本质是以审美教育为核心，特殊音乐教育作为音乐教育的分支学科，培养特殊儿童的审美情趣也是其主要目标之一。音乐教育是一种比较自由的审美活动，它从人的情感体验出发，以个体的自我关照和自我探索的实现为主要归宿。虽然特殊儿童和普通儿童之间存在较大差异，但在音乐对儿童审美能力和审美情趣的培养目标上是一致的，都可以利用音乐陶冶情操。但是在对特殊儿童审美情趣的培养途径上，特殊教育学校的音乐教师会花费更多的心思。音乐作为一种特殊的语言，更能关注特殊儿童的内心世界，激发他们的天性，从而引起他们的情感共鸣。人类的天性都比较敏感、热情、向往美好，通过音乐教育，可以唤起特殊儿童对美好生活和美好事物的追求，充分调动特殊儿童的想象力和联想力，从而有效地培养他们的审美能力。

**（三）有助于特殊儿童身心缺陷的补偿**

音乐可以刺激特殊儿童的大脑，提高他们对外界的反应能力和听觉能力，提高身体的协调能力。通过音乐教育，可以补偿特殊儿童身心方面的缺陷。如对视障儿童进行的音乐教育时，可以通过有目的的训练，有效提高其听力能力，帮助他们掌握以耳朵代替眼睛的本领，减少视力障碍给特殊儿童的生活和学习带来的不便；也可以利用特殊儿童的自身优势，让他们至少掌握一项特殊技能，用于日后的生存需要，以此弥补身体缺陷带来的困难；如对听障儿童进行音乐教育时，可以通过刺激他们的听觉器官来缓解和改善听觉障碍；对智障儿童进行音乐教育，可以通过音乐的节奏训练来提高他们的动作协调性、平衡能力等。总之，特殊音乐教育是通过缓解特殊儿童的精神压力、促进特殊儿童的社会生存能力和适应能力、改善他们的消极情绪等途径来对特殊儿童的身心缺陷做出补偿。

# 第四章　特殊音乐教育现状

　　特殊音乐教育是一门新兴学科，是音乐教育与特殊教育的交叉性学科。在特殊儿童教育方面，特殊音乐教育具有其他学科无法替代的作用。关于特殊音乐教育的研究在国外已取得较大发展，但国内的特殊音乐教育研究还相对薄弱。在盲人学校、聋人学校、培智学校、普通高校的特殊音乐教育中还存在师资力量缺乏、课程体系不完善等诸多问题。

## 第一节　盲人学校的音乐教育

盲人学校是以培养视力障碍儿童和青少年学生健康成长，促进特殊青少年及儿童德智体美劳全面发展为目的的特殊教育学校。

### 一、视力障碍学生的特征

视觉障碍患者也称盲人，视障又称视觉缺陷、视力残疾。我国第二次全国残疾人抽样调查残疾标准规定："视力残疾是指由于各种原因导致双眼视力低下且不能矫正或视野缩小，以致影响其日常生活和社会参与。视力残疾包括盲及低视力。"视障学生的特征主要包括五个方面：

#### （一）视障学生的感觉与知觉特征

感觉是指事物的个别特性在人脑中引起的反应，例如我们通过视觉可以感觉物体的颜色，通过味觉可以感觉食物的口味。知觉则是脑对直接作用于客观事物整体属性的反应。而感知觉主要包括人的视觉、听觉、味觉、触觉及空间的知觉等。感觉是介于心理和生理之间的活动，其产生源于人的感觉器官的生理活动和客观事物对感觉器官的刺激，而知觉则是在感觉的基础上对客观事物的属性进行综合分析，在主观因素和知识经验参与的情况下对客观事物的反映做出的解释，是一种心理活动过程。

视障学生由于视力缺陷，感觉器官中的视觉无法参与正常的对客观事物个体属性的直接反应活动，对外界事物信息的获取需要借助别的感觉器官，因此对外界的认知不够全面，在生活中常常会面临很多困难。由于视障学生存在视力缺陷，因此他们常常借助听觉器官来感知外面的世界，在不断使用听觉器官的过程中，视障学生的听力会得到有效的锻炼和加强，与普通学生相比，视障学生的听力更加灵敏，甚至可以"以耳代目"，以此来补偿视力缺陷带来的困难。据调查，部分视障学生可以通过周边环境的声响来获取周围环境的人数等信息。

此外，视障学生还可以借助触觉来感知外面的世界，例如物体的形状、大小、软硬、高低等，本来需要视觉参与才能感知的事物，视障学生可以利用触觉来进行补偿。但这种触觉需要长时间的训练才能更加准确和灵敏，例如，对普通学生来说，读书是一件非常容易的事情，可是对视障学生来说，需要借助手指的触摸和艰苦的训练，才能没有障碍地进行阅读。同样，乐器的学习也需要专门训练，只有手指变得足够灵活，手指力度的强弱发挥得足够好，才能掌握带有键盘的乐器。

空间知觉的构筑，对视障学生来说是相对困难的。首先，空间的感知过程中视觉因素占主要地位，而这恰恰是视障学生的主要缺陷。其次，由于视障学生行动不便，对空间的距离感知也相对困难。因此，视障学生要形成空间概念，需要借助反复的触觉和听觉训练来掌握，但这种感知得来的概念不一定完整。

（二）视障学生的记忆力特征

记忆力是保持、再认识和重现客观事物所反映的内容和经验的能力。为了加深记忆，普通学生可能会通过视频、客观事物的直观反映来加深记忆，但对视障学生来说，其对事物的记忆力相对较弱，尤其是在瞬间记忆方面，他们主要是凭借听觉、触觉等感知联合来记忆的，这就需要发挥视障学生的优势，让他们能通过听声音和节奏来加强记忆。

（三）视障学生的动作发展特点

1.视障学生的动作发展相对迟缓

视障学生尤其是视障儿童的动作发展明显比普通儿童晚。在爬行的动作中，视障儿童比普通儿童的发育时间晚将近一个月，直立和行走的基本技能也比普通儿童晚两个多月。但由于生活环境、生理特征、抚养方式及教育训练的个体差异，视障儿童和普通儿童的差别也有所不同，有的视障儿童的动作发展与普通儿童几乎没有差异，有的则比普通儿童晚两年。

2.视障学生的平衡能力较差

视障学生与普通学生相比，平衡能力较差。由于视力缺陷，在空间知觉认知上，视障学生相对较弱，无法根据空间状态及时对身体做出矫正。

### 3. 精细动作发展相对较好

视障学生的精细动作发展不如普通学生好，但与视障学生自身的粗大动作相比，其精细动作发展还是相对较好。因为视力缺陷，视障学生无法获取精确的事物信息，只能通过声音让手和耳达到一定程度的协调，在没有声音的情况下，这种协调将会被打破，即使这种协调没有被打破，也依然难以完成特别精细的动作。

### （四）视障学生的思维特征

思维是人脑借助语言对客观事物的概括和间接反应的过程，以感知为基础，又超越感知的界限。思维的形态主要有动作思维、形象思维和抽象思维。由于视觉缺陷，大部分视障学生形象思维的形成比较困难。一般情况下，视障学生要想形成抽象思维，都是通过触摸来实现的，但这种触觉并不能形成完整的表象。因此，概念的形成对视障学生来说也比较困难，进而影响其对事物的联想和判断。

### （五）视障学生的情绪特征

视障学生普遍存在抑郁、脾气暴躁、焦虑不安、不友好、悲伤、恐惧等不良情绪。由于视力缺陷，在成长过程中视障儿童常常会受到家长的过分保护，再加上担心其他小朋友的嘲笑和辱骂，视障儿童与别人沟通、交流较少，这导致了视障儿童大多孤僻、无助、敏感和多疑的性格特征，表现为说话时语气生硬、容易生气，对别人的态度过度敏感，对自尊心的需求更加迫切，意外的打击容易让他们失去自信。

## 二、盲人学校的音乐教育现状

盲人学校是特殊教育中针对视障儿童开设的教育机构，音乐教育是盲人学校中素质教育的一门必修课，当前视障学生音乐教育中仍然存在一些问题。

### （一）音乐教学缺乏情感体验

当前我国盲人学校的音乐教育中普遍存在音乐教学缺乏情感体验的问题。音乐教育是以审美体验为核心的艺术教育，通过情感体验获得心理满足，从而引起教育对象的情感共鸣，达到审美教育的目的。音乐教学实施过程中，教师应该通过引导学生展开想象思维，通过音乐丰富自己的社会生活和情感体验，从而领略艺术的魅力。有的盲校不太重视音乐教育，音乐教师的素质也参差不齐，在音乐教育上没有足够的耐心和热情，因此很难将这种情感体验融入教学过程中。再加上盲人学校单调的音乐教学环境使教师的审美情感不丰富，视力障碍造成学生的生活阅历不深，其情感状态很难被调动起来。视力缺陷导致视障学生的形象思维缺失，对社会和生活的体验与认知不足，缺少音乐创作的源泉。因此，缺少音乐美感和情感体验是当前盲人学校音乐教学中存在的问题之一。

### （二）音乐教学中缺乏盲谱

盲谱是满足视障学生音乐学习必需的物品。但目前，不少盲校还没有盲谱。盲谱对视障学生学习音乐具有重要的作用，就好比普通学生学习音乐需要五线谱和简谱一样，通过盲谱的学习，视障学生才能更有效地记忆歌谱、演奏乐器。有些盲校现有的音乐教科书也相对落后，不但内容陈旧，与新课标的要求也相差甚远，难以满足视障学生学习音乐的需求。部分音乐教学中的游戏设计也不适合盲人学生，难以有效开展。教材中也没有配套的盲文教材，给教师的教学工作带来很大不便。

### （三）音乐教学方式比较单一

有些盲人学校的音乐教师缺乏系统的音乐理论知识和足够的音乐知识储备，很难在特殊音乐教育中通过创新思维来提高音乐教育水平，在教学方式上多采用口耳相传的方式，一般通过语言指令来完成音乐教学的各个环节。视障学生本身在生理和心理方面落后于普通学生，如果一味地按照这种枯燥的教学方式教授音乐，势必会引起视障学生的反感，尤其是音乐器乐课的要求较高，除了需要在语言上对学生进行引导，在乐谱的学习、演奏方法和技巧的学习上还需要教师手把手地教授，这种通过记忆和模仿完成的学习过程是枯燥和乏味的，很难调动视障学生的学习兴趣。因此，特殊音乐教育的教师应该通过实践，尝试任何可以促进视障学生音乐学习的方式和方法。

### （四）音乐教育科研水平低

根据学者的调查，不少盲人教育学校没有设立专门的音乐教研组，甚至几乎没有音乐科研活动，尤其是针对视障学生音乐教育的研究与探讨。此外，这些盲人学校与其他学校的交流意识不足，不能为音乐教师创造与外部交流和学习的机会。健全的音乐科研体系，对视障学生的教育具有积极的促进作用，视障学生的心理特点、生理特点、发展规律及视障学生的音乐教育方式和康复方法，都应成为盲人学校音乐教育科研的主要内容。

**（五）音乐教学评价体系不完善**

除以上问题外，有的盲人学校的音乐教育体系不够科学，无法实际掌握和判断音乐教育对视障学生的教学效果。主要表现在以下几个方面：首先，音乐教学评价方式比较单一。当前盲人学校对音乐教学的评价方式主要以考试为主，这样的评价结果不能客观地反映音乐教学效果。其次，盲人学校的音乐教学评价不够科学。盲人学校的音乐教学评价主要由音乐教师自行设定，随意性比较大，而每位音乐教师的水平不一，音乐评价的设定很难保持科学性，在教学评价过程中，教师的主观因素占比很大。最后，单一的音乐教学评价体系不利于视力障碍学生心理健康。视力障碍学生的心理普遍比较脆弱，简单的考试评价容易导致视障学生情绪低落，进而影响其其他方面的状态。因此，在教学评价的设置中，应充分考虑视障学生的心理因素。

### 三、音乐教育对视障学生的作用

与其他学科相比，盲校的学生普遍比较喜欢音乐课，尤其喜欢聆听和唱歌。在盲校开展音乐教育，对矫正视障学生的生理缺陷和身体协调能力，培养视障学生良好的思想品质都具有重要的意义。

**（一）在盲校开展音乐教育，能够丰富视障学生的情感体验，提升视障学生的审美情趣**

因为视障并不影响学生的发音器官和听觉器官，所以视障学生的音乐学习与普通学生相比并没有太大的差异。只是由于视障学生视觉器官受损，因此缺乏美的直观体验，但其可以借助音乐学习，通过聆听音乐来感受音乐带来的美感，激发他们对美的追求与探索，形成高尚的审美情趣，进而提高他们追求美、创造美和鉴赏美的能力。

### （二）在盲校开展音乐教育可以开发视障学生的音乐潜能，在学习过程中让他们掌握基本的音乐知识和基本技能

一般情况下，视障学生由于视觉受损，听觉反而比普通学生更为灵敏，所以盲人学校的音乐教师可以利用视障学生的优势，经过后天的不断训练，让他们将音乐作为一种专门的技能型科目。声乐、器乐、表演、创作、音乐理论和鉴赏都可以成为视障学生的学习内容，这是音乐教育的基础，教师可以让视障学生通过演唱、创作和演奏等训练掌握音乐的基本技能，为部分有天分的视障学生步入音乐殿堂奠定基础。

### （三）在盲校开展音乐教育，可以带领视障学生走出心理阴影

大部分视障学生由于视力障碍，在情感上或者心理上都或多或少受过创伤，而音乐具有娱乐功能和情绪调节作用。在盲校开展音乐教育，能够教会学生如何欣赏音乐、聆听音乐，感受音乐带来的美感，从而抚平其情感创伤，转移负面情绪。更重要的是，音乐能够突破语言文字的局限，让他们通过音乐获取与外界的情感联系，架起与外界沟通思想情感的音乐桥梁。音乐教育还可以对视障学生的不良情绪进行疏解，带领视障学生走出心理阴霾。

### （四）音乐教育可以丰富视障学生的想象力

与文学、美术等艺术形式不同的是，音乐不需要过多地用眼睛去看。它可以通过嘴巴演唱和耳朵聆听，用心去感悟。学生只要经过反复的训练，便能被培养出一定的音乐鉴赏能力，这与其他特殊学生的音乐教育相比具有一定的优势。视障学生在音乐的学习、聆听中，专注力、表现力、协调力、反应力等能力都能得到全面的发展。学生可以通过对音乐的音高、音色、节奏和力度等音乐要素的感知，而产生联想，展开丰富的想象力，弥补视力不足带来的缺憾。

## 四、盲人学校的音乐教育改善策略

视障音乐教育是义务教育阶段音乐教育的重要组成部分，对缓解视障学生情绪压力、陶冶视障学生情操、发掘视障学生音乐潜能、培养视障学生音乐审美能力、辅助视障学生康复矫正训练及奠定视障学生职业基础具有重要的作

用。因此，相关学校应积极改善盲人学校的音乐教育现状。

### （一）增加对盲人学校的音乐教育资金投入

影响盲人学校音乐教育发展的主要因素之一是对盲人学校的音乐教育重视不够，资金投入较少。俗话说，"巧妇难为无米之炊"，如果没有足够的资金作为盲人学校的坚强后盾，即使有再好的师资和教学方式，都难以有效开展盲人音乐教育，很难达到预期目标。资金是促进教育持续发展的不竭动力，如果能够有针对性地加强对盲人学校的资金投入，改善盲人学校的音乐教育环境，更能从细节上彰显对特殊青少年儿童的关心。教育资金的投入对盲人学校音乐教育来说既是基础，也是保障。

### （二）加强对盲人学校音乐教育的规范和指导

不少盲人学校的音乐教育中，既没有明确的分层音乐教学目标，也没有切实可行的音乐教学计划，学校常常将音乐教育等同于普通儿童的音乐教育，这导致盲人学校的音乐教育结果并不理想。视障儿童由于视力缺陷，常常比较焦虑，并伴有不同程度的心理问题，如缺乏自信、脾气暴躁、性格多疑、敏感等。因此，在音乐教育中，应当针对视障儿童的具体情况，制定分层音乐教学目标。首先，最基本的教学目标应该是通过音乐教育，让视障儿童对生活和未来充满信心。其次，可以通过音乐教育培养视障儿童的音乐欣赏能力和音乐审美能力。再次，在音乐审美教育的基础上，培养视障儿童的音乐素养，对于有潜力的儿童，可以将音乐作为其职业目标来进行培养。

制定了分层教学目标以后，还应该根据每个儿童自身发育的特点制订切实可行的教学计划。在视力缺陷补偿、行为矫正过程中应因材施教，为不同的视障儿童设定不同的目标，制订不同的计划。这项工作的完成有赖于教师对视障儿童的认知能力和个体差异的充分了解。在普通义务教育领域，教学大纲和课程标准为其提供了非常明确的要求，有着重要的指导意义。因此，在特殊音乐教育理论的研究方面，应尽快制定视障儿童音乐教育的纲领性文件。在全世界越来越关注视障儿童音乐教育的背景下，我们也应加强与国际视障儿童音乐教育的交流，制定适合我国视障儿童音乐教育现状的教学大纲。

### (三)引导视障儿童自主学习音乐

引导视障儿童自主学习音乐,有利于培养视障儿童主动探索、主动发现、主动学习的精神,对于培养视障儿童自立、自信、自强的优秀品质,激发他们的好奇心具有重要的作用。因此,盲校音乐教师要积极地引导视障儿童开展自主学习音乐的活动。

1.利用网络技术引导视障儿童自主学习音乐

音乐属于听觉的艺术,可以遵循听觉艺术的感知规律,应用现代的技术教育手段实现学生的自主学习。随着现代信息技术的飞速发展,网络技术被广泛地应用于教育领域,例如翻转课堂教学模式在教育中的应用就离不开网络技术。视障儿童虽然视力有缺陷,但可以通过读屏软件搜集和利用网上的资源,充分发挥学习音乐的主动性和积极性。这种学习方式一方面能够给视障儿童带来充足的音乐学习资源,激发他们对音乐的学习兴趣;另一方面,网络资源鱼龙混杂,还夹杂着不健康的因素,由于年龄和经验关系,视障儿童难以正确区分有效的资源,给盲人学校的音乐教育带来了极大的挑战。因此,教师要正确地引导视障儿童使用网络技术开展自主学习音乐活动,激发视障儿童的音乐学习兴趣,提高其自主学习音乐的效率。

2.根据视障儿童的特点选择自主学习内容

视障儿童和普通儿童一样,在不同的发展阶段,身心发展具有不同的特点。作为盲人学校的音乐教师,应该多与视障儿童进行沟通,随时掌握学生的身心发展特点和心理状态,根据学生的实际情况有针对性地提供自主学习音乐的材料和内容。网络学习资源内容丰富、形式多样,还具有声像并茂的特点,因此教师在选择自主学习音乐的材料时,一定要充分考虑视障儿童自身的实际情况,选择能激发学生求知欲望和探究兴趣的学习材料。

### (四)音乐教学中教师应加强情感表达与传递

盲人学校进行音乐教育的目的不仅仅是教会学生掌握乐器演奏的技巧与技能,更重要的是让视障儿童在音乐学习的过程中提升对艺术的美的感受力、表现力及创造力,并充分挖掘视障儿童的音乐潜能。由于视障儿童自身的视力缺陷,以及由此引起的心理障碍,盲校的音乐教师需要花费更多的时间和精力用心备课，通过对教学方法的探索与改进，努力唤起视障儿童的美感，还要营造轻松、活泼的音乐学习氛围，引导他们通过音乐的学习发现音乐里的美感，并教会他们如何去表达美、创造美，从而提高他们的音乐审美能力，这是一个非常漫长的过程。

1. 用音乐语言传达感情

乐曲演奏和歌曲演唱是将音乐语言传达给学生的主要途径。教师只有深刻理解了音乐作品的内涵，才能在课堂教学中将丰富的情感通过音乐传达给视障儿童，从而让视障儿童在音乐学习中对音乐产生浓厚的兴趣，加深对音乐作品的理解。音乐是视障儿童用心与外界交流的桥梁，音乐教师就是搭建这座音乐桥梁的建筑师，视障儿童通过音乐了解世界，并与世界对话，在音乐作品欣赏中体会音乐家创作作品时的情感和心境，进而学会用音乐去表达情感，获得良好的教学效果。

2. 探索科学的课堂语言

由于视障儿童具有视觉缺陷，在课堂上，他们无法通过教师的肢体语言、表情、神态等体会教师所要传递的思想和情感，所以对知识的接收主要通过音乐教师的语言来传达。因此，在对视障儿童进行音乐教育时，教师应该积极探索科学的、易于视障儿童接受的课堂语言来传达情感。这种语言既要生动形象，又要便于组织教学，浅显易懂。

3. 教师要对视障儿童充满关爱

对视障儿童的教学与对普通儿童的教学一样，需要他们在教学过程中与教师互动。但这种互动过程和互动方式需要教师在课前做好充分的准备，既要有情感的互动，也要有教学内容的互动。首先，教师要对教学工作和音乐作品有深刻的理解，充满感情。选择作品时要选择与视障儿童生活经验相近的作品，这样他们更容易理解音乐作品中所要表达的情感。例如《二泉映月》的创作者同样面临着视力障碍带来的烦恼，教师就可以通过讲述阿炳的生活经历和创作背景，让视障儿童切身体会作品中蕴含的思想感情。其次，音乐教师要满怀爱心，以平等的视角给予视障儿童关爱。这种关爱可以让视障儿童在课堂学习中获得积极的情感体验，丰富想象力，从而对音乐学习产生浓厚的兴趣，让音乐教师的情感投入视障儿童的内心世界产生共鸣。

## 第二节　聋人学校的音乐教育

聋人学校主要是针对听力障碍儿童设立的特殊教育学校，听力障碍儿童由于天生的缺陷，在音乐学习方面存在严重的障碍，从而影响了聋人学校的音乐教育实践。但特殊教育学校也可根据实际情况开展独具特色的音乐律动课程和适合听力障碍儿童学习的音乐特色课程。

### 一、听力障碍儿童的特征

听力障碍儿童是听力因先天遗传或后天因素而受损的残疾儿童，也叫听力障碍患者。由于生理缺陷，听觉障碍儿童在语言、认知等方面均与普通儿童有不同之处。

#### （一）语言障碍

听力障碍儿童在语言发育方面往往也会存在一些障碍，例如：构音异常，主要表现为音的省略、缺失、添加、歪曲、替换等；声音异常，主要表现为鼻音较重、声音嘶哑、音量不足、音调过高或失控等方面；节律上的异常表现为言语过程中难以控制各种音量、音调、音长等，或不知道如何运用音量、音调、音长等传达信息的现象。与人交流时常常需要借助动作来表达意思，或者通过注视说话者的面部表情和口部动作来理解对方的意思。

#### （二）认知欠缺

听力障碍儿童由于听觉刺激的缺损，对信息的获取更多地依赖于视觉、触觉和动觉，因此难以形成视觉与听觉结合的综合信息，从而导致听障儿童获取的信息不够完整，在理解力和认知方面存在欠缺。视觉在听障儿童对世界的认知过程中只能起到一定的补偿作用。

#### （三）记忆特点

由于听障儿童听觉存在障碍，因此一般来说，他们更擅长形象记忆，如果辅以生动的图片资料和多媒体教育,将大大有助于听障儿童的记忆。另外,听障儿童在无意记忆方面占有优势,对有意记忆的发展来说相对较弱,这种有意记忆需要视觉、触觉、味觉及其他感官的共同参与才能完成。

（四）思维特点

听障儿童由于语言发展相对缓慢,因此其形象思维发展更为突出,尤其是具体形象思维的发展,即主要依据头脑中事物的具体形象或表象的联想来思考和认识事物,掌握具体事物的概念,对抽象事物的概念不容易掌握。此外,听障儿童在掌握概念方面的显著特点是概念的扩大与缩小。例如：有的听障儿童认为"蔬菜"就是"茄子",这是概念的缩小；认为"学习"就是有笔写字的行为,这就是概念的扩大。

（五）情绪和个性发展特点

由于语言障碍,听障儿童容易与其他人在交往中产生误解。听觉的损失导致部分听障儿童伴有语言障碍,或者语言发展相对迟缓。因此,许多听障儿童更愿意以情绪的外部表现作为与他人交际的工具,而他人对听障儿童的理解,也主要通过观察其动作和表情。由于听障儿童语言表达能力较差,他们在处理问题的时候更愿意采取简单的肢体动作来表达他们的想法。例如,在游戏中,他们更喜欢用推搡来表示他想参与活动的意愿,结果被不了解听障儿童的人误认为他们"爱打人",从而导致紧张的人际关系。但是,随着年龄的增长,听障儿童对情绪的控制能力逐渐增强,并且可以通过教师的教导培养听障儿童积极向上的情绪。

## 二、对听力障碍儿童进行音乐教育的必要性

听觉是人类认识世界、感知世界、学习语言和发展能力的主要途径,儿童时期是语言发展的关键时期,先天原因和后天因素导致的听力障碍会严重损害儿童正常的语言功能,进而影响儿童其他方面的正常发展,如情感、智商、个性及认知能力等,导致听障儿童出现心理发育不完善、孤独、多疑、敏感等心理问题和性格缺陷。

听障儿童作为一个特殊的弱势群体,理应得到全社会的关注和关爱,尤

其是听障儿童接受教育最直接的家庭和特殊教育学校，应尽可能地为他们提供心理安抚和教育便利。一般来说，听障不完全等于聋哑，听障儿童可以通过助听器去感知和认识世界，也可以通过系统的学习和训练去练习发声和正常地交流，因此他们需要得到家庭、学校和社会更多的关注和关爱。

音乐教育可以更好地开发儿童的大脑，听障儿童虽然听觉受损，但是依然可以通过助听器来感受音乐、学习音乐，通过音乐学习来刺激和训练其听力、语言表达及其他能力的发展。儿童时期是人类行为和语言的能力发展的重要时期，因此要抓住这个时期，努力开发和培养其想象力、逻辑思维能力、分析综合能力等，进而促进其心理的健康发展。

### 三、听障儿童音乐教育特点

音乐教育对听力障碍儿童的康复具有重要的意义，主要表现为音乐教育对培养听障儿童的韵律感和节奏感有着积极的影响。让听障儿童进行音乐教育可以规范其行为姿态，而在音乐教育过程中使用手语和肢体语言进行教学，还可以提高听障儿童的语言能力，弹奏钢琴时的振动感可以使他们学会辨别音乐的节奏和力度，还能使他们获得高低音的概念，这有助于听力障碍儿童身心健康发展，并获得音乐的美感体验。

美国梅德森等人对听障儿童是否能够欣赏音乐和自我表现进行了实验，他分别用50 Hz和5 000 Hz的纯音，声压级分别设置为60 dB和100 dB，结果表明听力障碍儿童对50 Hz的低音并不敏感，而对5 000 Hz的纯音，无论声压级高低，他们都很敏感。威克则是对12名完全失去听觉的学生通过助听器耳机给予听觉刺激，在一段时间后，他们对声音刺激表现出反应，出现想要跳跃或敲打的情绪冲动，并且能够对特定的节奏做出反应。由此可见，对听障儿童进行音乐教育是可行的。虽然听障儿童在语言表达上也有所欠缺，但是他们能够通过专门的训练和刺激来感受音乐要素，形成基本的声音概念，音乐为他们提供了体验常态环境的有效途径，有利于激发听障儿童的节奏感，培养他们的动作协调能力、语言能力，为其自我表达、沟通交流提供了有效条件。

由于听障儿童身心发展特点与普通儿童不同，因此在音乐教学过程中要特别注意弱化听觉教学环节，应该以视觉教学为主，可以通过教学肢体律动，如音乐律动课，培养其节奏感，也可以通过视频教学让其直观地了解各种乐器特征及其演奏方式，还可以让他们利用听觉以外的其他感觉器官来认知音乐，如通过触摸来辨别音的高低、强弱和节奏的快慢，通过视觉来感受不同的音色所表现的情感。虽然听力障碍对听障儿童的语言能力有不同程度的影响，令他们在学习唱歌的过程中有很多困难，但可以根据听障儿童听力损失的类型采取不同的措施，对听力没有完全损失的儿童，可以使其借助助听器来理解音乐的律动节奏；对已完全失去听力的儿童，主要采用视觉教学的方式，让他们通过视觉系统观察教师和其他学生拍打的频率及次数，虽然通过视觉系统感知节奏无法对音乐的节奏进行全面的认识，但是对于他们来说，对音乐节奏融会贯通并不是目标，真正的目标是通过音乐培养节奏感，所以教师和家长应该对他们进行鼓励，激发他们学习的积极性和创造性。声音的实质是声波振动，听障学生虽然无法听到声音的音色、旋律等，但是可以通过声波振动来感受声音的节奏，依靠感官系统感受这种声波振动，达到用身体"听"音乐的效果。因此，教师在设计音乐节奏的相关课程时，需要考虑让学生能够通过除听觉系统外的其他感官功能感受音乐节奏，让学生可以正确表达出完美的节奏。

### 四、聋人学校的音乐教育现状

#### （一）聋人学校对音乐教育不够重视

聋人学校普遍比较重视素质教育，关心每个学生的成长与发展，但有些学校对音乐教育方面的重视不够，这样的学校对素质教育的重视是不够全面的。作为素质教育的重要组成部分，聋人学校的音乐教育也理应受到重视。有的聋人学校，音乐教育设备不足，整个学校只有一间律动教室和律动器材室，音乐教学设施简陋，乐器种类少，音乐教师缺乏。音乐律动课作为聋人学校开设的一门全日制重要课程，对培养听障儿童的美育和德育都具有重要的意义。首先，律动课将音乐、舞蹈、体育、游戏等多种内容融合在一起，通过听障儿童视觉、触觉等多种感官的参与，借助助听器让听障儿童的残存听力和语言也参与其中，使听障儿童在活动中感受鲜明的节奏和优美的音乐旋律。其次，音乐教育课程也可以作为一门艺术审美教育课程，通过民族音乐文化和音乐理论的学习，以及音乐作品的欣赏和乐器的演奏，逐步培养听障儿童的音乐审美能力。

### （二）听障儿童的家长对音乐教育态度不积极

在有些聋人学校，学生的家长为了让自己的孩子参加升学考试，要求学校停止或取消音乐教育课程，改上文化课。也有部分家长能够认识到音乐教育对于听障儿童的重要意义，肯定了音乐教育在调节儿童情绪及提高儿童学习能力、生活能力、语言能力方面发挥的重要作用，但对音乐律动教育的实际教学不够重视。

### （三）听障儿童对律动课的认识不足

听障儿童对律动课的认识不足，律动课对他们的吸引力不够，因此对律动课感兴趣的学生数量不多，部分学生认为律动课就是舞蹈课，也有部分学生认为文化课更重要，甚至还有少数学生不喜欢上律动课。由此可见，听障儿童对律动课的认识不足，也导致他们学习态度不够积极。

## 五、聋人学校的音乐教育改善策略

听障儿童由于身体原因，在心理上往往会存在逃避、害怕、自卑、压抑和敏感等特点。所以，激发听障学生的音乐潜能，让其利用触觉来感知乐曲和乐器对听障儿童的健康发展具有重要意义。

### （一）积极倡导关爱听障儿童

生活中，我们有时会遇到一些特殊儿童，肢体残疾的儿童我们很容易辨认出来，但是听障儿童从外表来看与常人无异，很难第一时间发现。在日常生活中发现行动缓慢、语言迟缓的儿童，我们应该多加注意，不要排挤和歧视他们。生活在他们周围的人，更应该给予他们更多宽容与关爱。对听障儿童进行音乐教育，比对其他特殊儿童进行音乐教育更有难度。因此，当我们看到对音乐感兴趣的听障儿童时，我们应给予他们鼓励和支持。同时，我们也要积极倡导大家关爱特殊儿童，为他们的健康成长提供一个和谐的社会环境。

## （二）聋人学校应积极改善音乐教育环境

听力障碍儿童常常伴有语言障碍，而音乐教育对听障儿童的康复具有一定的作用。作为听障儿童接受教育的主要场所，聋人学校应该积极改善音乐教育环境。首先，应添置专业的音乐教学器材，配置专业的琴房。对于听障儿童来说，他们可以通过除听觉外的其他感官功能（如触觉）感知音乐的振动，因此，在教学过程中可以让学生通过学习乐器掌握音乐的节奏、律动及其他音乐概念等，这有助于他们调节不良情绪，积极参与社会活动。其次，聋人学校的音乐教师应积极提高自己的音乐教学水平和音乐素养。相较于普通学生的音乐教育，对听障学生进行音乐教育具有很大的难度，这就对聋人学校的音乐教师提出了更高的要求，即在实际的教学过程中，教师要及时掌握学生的个体差异和心理问题，有针对性地进行教学。再次，教师要多利用业余时间钻研学术，从心理学教育与音乐教育的交叉领域探索音乐教育的新途径。最后，学校要多为聋人学校之间及其他特殊教育学校之间的音乐教师交流创造条件。通过交流，分享经验，提高教师的教学能力。

## （三）加强聋人学校师资力量培养

良好的师资力量和较强的专业素质是提升教学质量的重要保证。聋人学校的教育对象主要是具有听力障碍的少年儿童，这对学校的师资力量和教师的个人素质提出了更高的要求。作为特殊音乐教师，不仅要有足够的耐心，还要有一颗善良、包容、关爱特殊儿童的心，同时，教师对自己的本职工作要有热情，在具备较高的专业素养的同时，还要学习医学、心理学相关的知识。在工作中，还要刻苦钻研、与时俱进，不断更新自己的知识储备，掌握特殊儿童的心理需求。许多特殊教育学校的音乐教师是普通师范学校的音乐专业学生，并没有经过特殊音乐教育方面的系统化、专业化的培训，缺乏对特殊音乐教育的认识，很难做到因材施教。因此，对聋人学校音乐教师的专业素质进行提升是非常必要的。

1. 提高聋人学校的音乐教师素质

我国特殊师资力量薄弱。因此，可以从普通高校的音乐专业选择优秀毕业生，上岗后结合实际情况对其进行专业培训。这种培训可以以聘请专家讲座、短期培训或者集中培训的方式进行，培训的内容除特殊儿童的音乐教育知识外，还应增加心理学相关知识，以及心理学、音乐教育、特殊教育相融合的知识点，通过培训提高教师的专业水平。对原有的骨干音乐教师，也要定期进行继续教育培训。还可以组织学术交流活动，并鼓励教师积极参加学术会议、讲座、论坛等，增强特殊音乐教育教师的学习能力、研究能力和教学能力。

2.加强盲人学校的音乐师资力量

在师资培养方面，应规范针对听障学生进行教学的特殊音乐教师的考核体系，并且建立专业证书制度，形成合理、有效的专业标准。建议增设特殊音乐教育学校或鼓励普通师范院校增设特殊音乐教育课程，并制定特殊音乐教育证书制度，让在特殊教育学校就业的音乐院系毕业的学生持证上岗。另外，还建议对在特殊教育学校就业的优秀毕业生给予优厚的待遇，以便吸引更多的优秀人才到特殊教育学校工作。

## 第三节　培智学校的音乐教育

当前，智障学生的音乐教育开始普遍受到重视，但培智学校的音乐教育在我国的发展还相对薄弱。鉴于音乐教育对智障儿童的身心发展具有积极的作用，我们必须加强对智障学生音乐教育的认识，关注对智障儿童音乐教育的研究，并在实践中探索智障儿童音乐教育的新途径。

### 一、培智学校音乐教育的倾向

培智学校的音乐教育面向每一个患有智力障碍的儿童，每个特殊儿童都有接受教育的权利和义务。部分中、重度智障儿童对音乐的学习比较困难，教师制订音乐教学计划时要与学生的已有知识、经验和身心发展的具体情况相结合，体现因材施教的原则。由于中、重度智障儿童智力水平发展较低，因此在教学方式上有两个比较明显的倾向，即低幼化倾向和较多地使用行为改变技术，具体表现在以下几个方面：

### （一）大量使用直观教具

在教学过程中，对智力落后程度较严重的儿童，主要使用大量的直观教具，这有助于他们对事物的直观认识。但是，教师在使用教具时，要让学生有充分感受教具的时间，让他们在充分的看、听、摸的基础上感知教具，在充分感知的过程中逐渐形成对事物的正确概念。

### （二）教学形式更加活泼

在对中、重度智障儿童进行音乐教学的时候，由于其自身的特点，教师多采用类似幼儿园的音乐教学方式，形式比较活泼。例如，在音乐教学过程中经常做游戏、跳律动操、走线运动。一方面通过游戏强化学习的效果，另一方面，在游戏的过程中可以锻炼学生的协调能力、合作能力，增强智障儿童的身体素质，激发智障儿童的音乐学习兴趣。

### （三）采用简单的教学策略

由于智障儿童对复杂的教学策略接受起来比较困难，因此在教学中，音乐教师都采取相对简单的教学策略。如按照智障儿童的思维发展规律，把歌唱教学内容按照学习、认知的规律和知识的内在逻辑划分为一个个环环相扣的独立步骤，然后分步进行教学或训练。

### （四）遵循特殊音乐教学原则

在对智障儿童进行音乐教育过程中，既要遵循普通音乐教育中提出的教学原则，还要遵循特殊教育的教学原则。这些原则是从中、重度智障儿童教育的实际情况和智障儿童教育的实践经验中提炼出来的，如简单原则、缓慢原则、适度原则等，是培智教育中必须遵循的一些基本的教育要求。

### （五）音乐教学方式多样

由于智障儿童在身心发展方面存在着个体差异，因此，在实际教学中，音乐教师会针对不同的个体发展情况和实际教学进展，在课堂教学的具体组织上或采取集体教学，或采取分组教学，还有个别教学、复式教学等，以多种音乐教学方式增强学生对音乐活动的兴趣。

## 二、培智学校音乐教育的性质

音乐教育可以给智障儿童带来美的享受,滋润智障儿童的心田,让他们在音乐学习的过程中,感受到快乐与幸福。音乐欣赏不仅具有调节智障儿童情绪的作用,有利于他们的身心及健康,还能丰富其精神世界。培智学校的音乐教育是一门将特殊教育与音乐教育相结合的交叉学科,所以它具有普通音乐教育和特殊教育的一般属性。2016 年,教育部颁布了《培智学校义务教育课程标准(2016年版)》(以下简称《课程标准》),将培智学校的音乐课程内容确定为唱游与律动,将其作为学校义务教育阶段的一般性课程进行开展。

### (一)培智学校的音乐教育是一种审美教育

培智学校的音乐教育和普通学校的音乐教育一样,是一种审美体验课程。在实际的生活中,教师要培养智障儿童的审美感受和审美素养,唤醒他们对美的感知能力,让美的概念融入他们的日常生活。音乐是一种可以获得情感体验的艺术,音乐与感情相互交融,无法分割,因此,发展智障儿童的音乐兴趣,可以培养他们坚强乐观的生活态度,可以使其身心愉悦、陶冶他们的情操,使其在优秀的音乐作品中获得文化知识和美学体验,养成良好的道德品质,提高他们的审美能力、创新能力、记忆能力和想象能力。

### (二)培智学校的音乐教育是一种实践活动

由于身体和心理缺陷,智力障碍儿童的思维能力和行为能力的发展受到极大的限制。研究发现,音乐可以刺激智障儿童的大脑,引导他们参与丰富多彩的音乐实践活动,可以提高他们的听觉能力和对外界的反应能力,在这个过程中,他们的语言能力也会得到提高。因为,音乐活动需要调动多感官参与音乐体验,所以要对智障儿童的感觉器官进行充分的刺激,以达到开发智力、培养智障儿童音乐基础和技能的目的,而这些基本能力的培养和智力的开发是以音乐实践活动为主要途径的。

### (三)培智学校的音乐教育是一种品质培养过程

品质是指思想、认识、品性等的本质,音乐教育具有陶冶情操、培养学生优秀品质的作用,智障儿童作为特殊教育的对象,培智学校的音乐教育对他们的品质培养也起着重要的作用。首先，音乐教育可以培养智障儿童的毅力。对智障儿童来说，学习是一件比较痛苦的事，大多数的智障儿童由于生理缺陷，从小受到父母或家人的保护，所以依赖性比较强，面对困难容易退缩，缺乏克服困难的勇气。音乐教师可以通过游戏启发智障儿童，让他们在游戏中逐渐明白坚持的重要性，从而培养智障儿童不畏困难、做事有始有终的精神。其次，音乐教育可以增强智障儿童自我控制的能力。智障儿童的情绪多表现为多变、冲动、烦躁等。音乐教师可以通过播放舒缓的、优美的轻音乐来缓解他们的情绪，也可以通过弹奏琵琶、古琴等乐器让他们在优美的旋律中随着音乐的变化逐渐控制自己的情绪。再次，音乐教育还可以培养智障儿童的自信心。与普通学生相比，智障儿童词汇量较少，句子缺乏连贯性，语言表达能力较差，在与普通学生的沟通中容易产生自卑心理，久而久之，容易形成严重的心理障碍。音乐教师可以通过讲述一些智障人士在音乐上成功的例子，让他们先从心理上克服障碍、建立自信，然后有针对性地进行个别音乐辅导练习，让他们通过自己感兴趣的音乐活动发现音乐学习的乐趣。通过阶段性的反复练习后，再将智障儿童聚集在一起排练、表演，让他们在交流与合作中提高音乐技能、与人沟通的技巧和社交能力，不断增强其自信心。

### 三、培智学校音乐教育的特点

#### （一）所有智障儿童都有接受音乐教育的基本权利

接受九年义务教育，是我国每个适龄儿童的权利和义务，《中华人民共和国教育法》规定，任何年龄条件满足要求的儿童都有接受教育的权利。早在春秋时期，我国伟大的思想家、教育家孔子就提出了"有教无类"的思想。我国的各项法律条例，也从法律层面上规定了少年儿童接受义务教育的权利和义务。《课程标准》中对音乐教育的目标、任务等进行了明确规定，智障儿童音乐教育需要通过培智学校和康复机构才能实现。目前，培智学校的音乐教育实行零拒绝的政策，对有音乐天赋的智障儿童，让他们与普通学生一起学习音乐。对智障程度较为严重的儿童，培智学校与康复机构对其进行专门的培训与教育，其他智障儿童则可以统一进入培智学校接受音乐教育。

**（二）培智学校的音乐教学以"生活化"为主要原则**

培智学校的课程设置以"生活化"为主要原则，包括音乐教育。培智学校的学生，大多数为中、重度智障儿童，他们的思维能力、语言能力、理解能力等与普通学生相比较为落后，在音乐学习方面表现为对歌词的理解能力较差，很难将歌词内容与生活经历主动联系起来。因此，在音乐教学中，音乐教师常常模拟生活场景，以激发智障儿童的音乐学习兴趣，促进他们认知能力和语言能力的提高。比如，在学习《丢手绢》的时候，可以在操场中进行，让他们在游戏中逐渐理解歌曲的内容。

**（三）培智学校音乐教育制度和教育计划的实施**

根据《中华人民共和国义务教育法》《国务院关于基础教育改革与发展的决定》和《基础教育课程改革纲要（试行）》的要求，在课程设置上应该在特殊教育思想的指导下，根据特殊教育的基本规律和方针，并结合智障儿童的个人情况和身心发展的规律特点，符合我国和谐社会的发展要求，以实现智障儿童的全面发展为目标。

根据教育部2016年制定的《课程标准》，培智学校的唱游与律动课程要联系生活经验，强调音乐体验。课程由感受与欣赏、演唱、音乐游戏、律动四部分组成，各学习领域之间相互关联、相互渗透，组成一个有机的整体。教育计划要围绕发展学生对音乐的感受力、想象力、表现力和创造力展开，通过对学生感知能力、语言能力、沟通能力、运动能力的训练，培养智障儿童的音乐律动能力和感知能力。此外，要根据智障儿童的身心发展特点和对音乐要素的理解程度制定阶段性目标。可以分为长期与短期目标，并根据目标制订相应的教学计划和教学内容。教学内容的拟定，不能"一刀切"，要因材施教，有针对性。教学手段与教学方法也要因人而异。

## 四、培智学校中律动课的发展情况及音乐教育现状

律动课是培智学校音乐教育中的一般性课程，唱游和律动课程的开展可以有效激发学生的音乐学习兴趣，使学生获得基本的音乐知识和技能，还能促

进学生的身心健康发展。近年来，培智学校的律动课和音乐教育课程取得了较大发展，同时也面临着一些问题。

**（一）我国培智学校的音乐教育还处于发展阶段**

目前，我国培智学校的音乐教育依然处于发展阶段。智障儿童由于生理缺陷，对概念性的东西难以理解，所以教师在教学方式上要根据智障儿童对事物的认知规律，采取一些相对灵活的教学方式，如西方的奥尔夫、达尔克罗兹、柯达伊和音乐治疗理念等国际先进的教学体系和理念被不断引入中国的培智教育学校中，并得到初步的应用。在实际的教学过程中，教师会创造性地采用一些适合智障儿童身心发展规律的教学方式，使学生体验的音乐元素更为丰富，也使培智学校的音乐教育理念不断得到补充。

**（二）培智学校的音乐教师性别比例失调**

在培智学校中，女性音乐教师占有很大比例，而男性音乐教师较少。造成这一现象的原因，一方面是音乐专业院校对男生的招生比例较少，女生人数远远多于男生；另一方面，培智学校的音乐教师不但需要能歌善舞，会演奏各种乐器，还需要细心和耐心，能更好地照顾和指导智障儿童的日常生活。在这方面，女性教师优势大于男性教师。

**（三）培智学校的教师年龄趋于年轻化**

培智学校的音乐教师年龄大多数都在26—35岁，这个年龄段的教师往往都比较有责任心和进取心，还有一定的生活经验。他们的学习能力较强，但教学经验相对不足，通过长期的积累，日后必将成为培智学校音乐教育的中坚力量。25岁以下、46岁以上的音乐教师相对较少，25岁以下的教师对新事物充满了好奇心，但教学经验严重欠缺，处于学习和探索阶段。46岁以上的教师较多知识固化，由于年龄问题，其学习能力也开始下降，对课堂质量有一定的影响。因此，培智学校应加强对中年教师的培养。

**（四）培智学校音乐教育中存在的问题**

我国培智学校音乐教育也存在许多不完善的地方。首先，东西部的地区差异比较明显，尤其是一些欠发达地区的音乐教育还停留在"可养护性"教育的阶段。其次，我国还没有根据实际情况建立切实可行的特殊音乐教育评价评估体系，目前所运用的评价评估体系多为国外发达国家研发，由于地区差异，不完全适合中国的特殊音乐教育评估。再次，培智学校的特殊教育没有得到足够的重视，社会支持体系也有待完善，管理上依赖普通学校的教育管理部门，特殊性不能得到充分体现。最后，培智学校的教师素质参差不齐，教学效果差异大，好的教学成果和教学资源没有得到充分运用，音乐教育研究不足，科学研究与教学相互之间交流不足，因此教育成果并不理想。

## 第四节　普通高校特殊音乐教育现状

近年来，特殊教育越来越得到广泛关注。随着社会的发展，特殊音乐人才的需求也越来越大。传统教育的改革势在必行，音乐教育作为我国教育事业中不可忽视的一部分，也亟须变革，以适应社会发展需要。高校普通音乐教育与特殊音乐教育本质上有所不同，但是人们经常混淆二者的概念。特殊音乐教育是特殊教育和音乐教育交叉的一门学科，在高等教育发展中具有重要的作用。为了适应社会的发展，满足特殊教育对音乐人才的需求，高校的特殊音乐教育改革必须提上日程。

### 一、发展高等特殊音乐教育的意义

普通音乐教育已经形成了完整的教育体系和教育模式，而特殊音乐教育的发展还处于发展阶段，是音乐教育与特殊教育的一门交叉学科，是特殊教育的附属手段。因此，大力发展高等特殊音乐教育，对满足社会对人才的多样化需求具有不可忽视的意义。

#### （一）有利于完善音乐教育体系

我国的特殊音乐教育起步较晚，尤其是高等特殊音乐教育，还处于发展的初始期，发展水平仍处于低级阶段，而其他音乐教育的发展要好一些，如音乐治疗在我国已经有了20年以上的研究和实践应用。因此，发展高等特殊音乐教育，对健全我国音乐教育体系、完善我国的特殊音乐教育具有重要的意义。

### （二）有利于特殊群体接受更好的音乐教育

公共教育事业是公共事业性服务的主要内容之一，高等特殊教育具有公共服务的属性，建立完善的特殊教育体系既是关注特殊人群的需要，也是推进基本公共服务均等化建设的必然要求。但是，目前看来，我国的特殊音乐教育的发展速度相对缓慢、发展效果还不理想，尤其是与全国残疾人音乐教育水平、社会平均教育水平相比还有较大差距，不能满足残疾人日益强烈的接受音乐教育的需求。加快高等特殊音乐教育体系建设、完善专业设置，对提高特殊音乐教育水平、实现残疾人音乐学习愿望和解决部分特殊人群就业问题具有重要的意义。部分有天分的残疾人如果通过音乐学习，能解决就业问题，可以不同程度地缓解家庭压力和社会压力。

### （三）可以提高残疾学生的文化素质和音乐素质

学校教育具有完整的教育体系，它通过科学性、连续性和有效性的教育，促进社会和学生个人的全面发展。残疾学生由于生理缺陷或心理缺陷，在受教育上面临诸多困难，甚至有的特殊儿童由于受家庭观念和经济水平的限制，根本没有接受特殊教育的机会，还有的家长，送儿童去了特殊教育学校，但由于特殊教育体系不够完善，儿童也不能系统地接受高等教育。通过调查发现，我国残疾人接受特殊教育的整体水平较低。据统计，我国残疾男性文盲率为23.7%，女性文盲率为41.4%，具有初中以下学历的残疾人（含文盲）高达90.2%。只有不到10%的残疾人接受了高中等教育或职业教育，而具有大专以上文化程度的残疾人仅为残疾人总数的1.1%。由此可见，我国残疾人进入高等学校接受教育的人数极少。由于音乐教育是一种相对容易接受的教育模式，因此，在普通高校发展特殊音乐教育，既可以提高残疾学生的文化及其他基础素质，又可以提高其音乐方面的专业素质。所以，发展高等特殊音乐教育，不但可以从宏观上完善教育结构，而且有利于普通学校的特殊教育的稳定发展，对特殊学生全面、系统地掌握科学文化知识和提高音乐素养有着重要的作用。

## 二、普通高校特殊音乐教育的现状分析

高校是学生成长和发展的重要和关键时期，在这个阶段，高校教育可以

使学生的世界观趋于完善，在知识能力得到培养的同时，提高自身的心理素质和承受能力，对学生的未来发展有着非常深远的影响，这种意义对于普通学生和特殊学生都有着重要的、不可忽视的意义。当前，我国普通高校的特殊音乐教育已有所发展，在一些普通高校设有针对特殊学生的专业课程，其中包括特殊音乐教育专业，为培养特殊音乐教育师资力量及对特殊学生进行教育提供了有力支撑。但是，普通高校的特殊音乐教育往往难以结合学生的个人情况和实际需求进行教学。因此，普通高校特殊音乐教育的现状分析主要从教学认知、教学课程设置、教师素质结构、教学效果四个方面展开。

### （一）教学认知和教学目标

在教学阶段，许多的高校在设置教学活动时并未结合学生的需求和情况，将针对特殊学生的音乐教育简单设置为乐器、音乐知识、唱歌跳舞等，在实践上通常采用举办音乐比赛等方式。但是，对于即将从事特殊音乐教育或者特殊学生而言，音乐教育不仅要满足其受教育的需求，塑造其艺术品位和审美素养，或者是接受音乐知识和技能的培训，还要对他们进行一定的心理或者是医学方面知识的传授，而对于特殊学生，还要结合实际情况，注意音乐治疗的重要作用。但是由于学校自身条件及对特殊音乐教育认识不足等，普通高校的音乐特殊教育的发展速度还很缓慢，发展水平还较低。

大多数人认为，对特殊学生而言，高等学校开展音乐教育应以启迪和开发特殊学生自身特长为主，弥补其生理缺陷。但事实上，高校开展特殊音乐教育，一方面可以以培养特殊学校的高技能音乐教师为目标，另一方面可以挖掘特殊学生的音乐潜能，以培养特殊学生的审美能力和未来的职业技能为目标。

### （二）教学课程设置

现阶段，我国高等学校中的特殊音乐教育重视个别教育，在教育中强调因材施教，以满足不同学生的特殊需要，教育的开展主要围绕特殊学生的缺陷补偿和特长来进行，课程设置的理念没有问题，但是课程设置存在较为零散的现象，缺乏规律性和逻辑性，课程内部的逻辑性也有所欠缺，课程中学生的参与度也不够，教材的选择、教学内容等方面还存在不足，无法满足当前在普通高校进行特殊音乐学习的学生的需求。

对日后将成为特殊教育学校教师的学生而言，应着重培养其声乐、器乐、舞蹈及音乐教育理论相关知识，同时还要学习特殊教育理论、心理学相关的知识和特殊学生的音乐教学技巧及理论等。由于受众的不同，在实际教学中内容也有所不同。对将来有志于从事特殊音乐教育工作的学生，在教学内容的选择上要有针对性，除一般的音乐基础课程外，还应增加特殊学生教学技巧及特殊儿童心理学相关的教学内容。对于特殊学生，应根据视障学生、智障学生、听障学生的不同特点，选定适合他们的教学课程内容，通过特殊音乐教育弥补特殊学生的生理缺陷，发挥其在音乐技能方面的优势。

### （三）教师素质结构

我国的特殊音乐教师师资力量短缺。目前从事特殊音乐教育的教师通常在高等教育阶段接受的是普通的音乐教育，针对特殊学生的专业性不够。在教学过程中，只能通过积累经验探索教学模式，但是学生需要的是成熟的、可以满足自身需求的教学模式。教师如果采用普通音乐教学的方法显然并不合适，教学内容和手段会让特殊学生无所适从，无法获得良好的学习效果，甚至会导致学生对音乐学习产生畏惧心理。

特殊音乐教育的教学方法没有成熟的模式可以直接套用。特殊音乐教育的教学方法和方式应该体现教育对象的特殊性，不应单纯照搬普通音乐教育的教学方法。西方发达国家一些音乐教育体系和特殊音乐教育理念，如西方的奥尔夫、达尔克罗兹音乐教育体系和柯达伊教学法、音乐治疗理念的引入给中国的音乐教育注入了新鲜的血液。

### （四）教学效果

目前来看，高等学校的普通音乐教育还处于起步阶段，部分高校开设了针对特殊音乐教育的课程，以供即将或者有意愿从事特殊音乐教育的学生进行学习，一些艺术类的院校会招收一些有音乐天赋和音乐才能的特殊学生，让他们和普通学生一起进行音乐学习。从教学效果来看，对于教育者的培养正在稳步开展，并有良好的发展趋势；对于受教育者来说，对特殊学生采取普通的教学方式，取得的效果往往并不理想，需要学生利用其他的方式学习应该在课堂上学到的内容，这违背了教育理念。

### 三、高等特殊音乐教育的改革思路

高等普通学校的特殊音乐教育现状不利于高等院校音乐教育的长远发展，也不利于国家公共教育服务均等化建设。因此，对高等院校的特殊音乐教育进行改革迫在眉睫。针对特殊人群的音乐教育需求和高等院校的特殊音乐教育现状，对高校的特殊音乐教育改革提出如下建议：

#### （一）健全高校的特殊音乐教育机构

目前，我国存在着大量的特殊人群，他们有学习音乐的需求，也有学习音乐的必要。在义务教育阶段，我国有较多的特殊教育学校，然而高等院校的特殊音乐教育依然不足。调查发现，很多地区的高校都没有设置专业的音乐教育机构，这不利于高等院校特殊音乐教育的发展。面对我国高等特殊音乐教育受重视程度不够的情况，我们应结合实际，加大发展力度，提高发展水平，建立系统的特殊音乐教育的体系，推动特殊音乐教育的发展，让它从特殊教育之中独立出来，不再作为特殊教育发展的一个辅助部分。

#### （二）提高特殊音乐教育的专业素质

师资是决定学科发展的重要因素之一，高等院校要进行特殊音乐教育改革，首先需要提高教师的专业素质。目前，特殊音乐教育专业教师的缺乏是限制高校特殊音乐发展的主要因素。我国高等院校音乐治疗专业的教师大多数为普通高校音乐专业毕业，只有普通音乐的教学能力，这不利于高校特殊音乐教育的开展。高校应该重视加强教师能力培养，提升从事特殊音乐教育的教师队伍的专业素质。一方面，可以对普通高校毕业的音乐教师进行定期的特殊音乐教育培训，提高教师对特殊音乐教育的认知；另一方面，可以通过技能培训和特殊音乐教学实践鼓励教师不断探索新的教学手段，摆脱教育定式观念的影响，逐步提高特殊音乐教学水平。

#### （三）合理设置特殊音乐课程

目前，高等院校的特殊音乐教育课程设置还不够合理。从高等特殊音乐教育的教学理念、教学手段到教学目标，都一定程度上存在对普通高等学校的音乐教育模式进行生搬硬套的情况。高校想要提升特殊音乐教育的教学效果，应该从改革教学课程开始。高校特殊音乐教育对象既有普通学生，也有特殊学生，特殊学生又分为智障学生、听障学生、视障学生等，因此，在实际教学中，应该根据授课对象的实际情况拟定教学大纲、授课方式与培养方案等。对日后从事特殊教育工作的普通学生，应注重对其特殊音乐教育技巧的培训；针对音乐基础较差和对音乐知识理解能力不够的学生，要制订基础课程培养计划保证其基本的音乐素养的学习，通过心理辅导和思想教育，改变学生对音乐课的错误认识。除此之外，还要合理调整课程比例，优化课程设置，有效提升学生的专业素质。

（四）加强特殊音乐教育研究

高等院校的特殊音乐教育改革是没有现成的模式可以参考的，提高教学效果，就要提高对高等特殊音乐教育的教学理念、教学方法及教学原则的研究力度。尤其是对接受音乐教育的特殊学生，在教学方式上要因材施教，根据学生自身的特点有针对性地对其进行分类训练。此外，应该设立专门的特殊音乐教育研究机构，加深对特殊教育和音乐教育的研究、对特殊人群心理的研究，以及对特殊教育教材的开发研究。在以上研究的基础上，积极吸取国内外先进的教学经验，立足本国的实际情况，创新发展理念，提高教学效果，完善教学体系，才能更好地促进高等特殊音乐教育的发展。

# 第五章　智障儿童的特殊音乐教育

　　智障儿童的音乐教育近年来受重视程度逐渐提高，但是由于我国的整体的特殊音乐教育还处在发展阶段，因此对于智障儿童的特殊音乐教育仍然比较薄弱。推动我国智障音乐教育的发展需要在理论和实践两方面对智障儿童音乐教育的认知程度进行探索，贯彻落实"以人为本"的观念，平等对待每一位学生。

# 第一节　智障儿童学习兴趣的培养

音乐教育对智障儿童的身心发展具有十分重要的作用，因此对智障儿童进行音乐教育非常必要。对智障儿童进行音乐教育的前提是培养他们对音乐学习的兴趣。

### 一、智障儿童学习动机实现的必要性

苏联教育家苏霍姆林斯基说："人不可能没有任何天赋和才能，以至于没有任何可能在生活中表现自己。"我国的心理学博士、北京师范大学心理学教授林崇德有句名言："爱自己的儿童是本能，爱别人的儿童是神圣。"每个人都有公平地享受教育的权利，在我国接受义务教育，既是每个适龄儿童的权利，也是他们的义务。教育的价值就在于为每一个儿童插上翱翔天空的翅膀，让他们都有憧憬理想的机会。由于生理缺陷，智障儿童的性格会不同程度地受到影响，这对他们认知世界造成了一定的困难。因此，为了让智障儿童能够像普通儿童一样，享受音乐带来的美感，同时帮助他们治疗生理缺陷带来的各种问题，我们需要通过合理的引导，激发智障儿童的学习动机，培养他们的音乐学习兴趣，从而满足他们对音乐教育的需求。

智障儿童作为一个特殊群体，他们的认知能力比普通儿童滞后，对自我的认知能力较低，我们可以通过教育引导，让他们逐渐认识自己，完善自我，通过学习来补偿自身的缺陷。音乐教育一方面可以提升智障儿童的文化素质和个人能力，另一方面可以实现其个人的人生价值，构建其自己的幸福生活。在学习音乐的过程中，智障儿童可以逐渐了解丰富多彩的世界，收获奋斗的喜悦，感受成功的乐趣，获得更加丰富的人生体验。

### 二、智障儿童学习动机实现的可行性

马斯洛需求层级理论是人本主义的科学理论之一，他将人类的需求从低

到高分为五个层次，依次为生理需求、安全需求、归属和爱的需求、尊重需求、自我实现需求。智障儿童在家庭、学校、社会的关注下，生理的需求、安全的需求、归属和爱的需求是完全可以满足的，但第四和第五个层次的需求还需要家庭、社会和学校共同努力，才能满足他们。智障儿童虽然存在智力缺陷，但是在前几个基本需求满足的前提下，他们也有尊重的需求和自我实现的需求，他们也渴望通过学习提升自己的能力，实现自己的个人价值和社会价值，但由于智障儿童在学习的注意力、认知、思维、语言和记忆等方面不如普通儿童，注定他们这种需求的满足需要经历的时间更久，过程更加漫长。

### 三、智障儿童音乐学习兴趣培养方法

#### （一）选择灵活的教学方式

1. 让智障儿童在直观形象中理解音乐作品

智障儿童智力水平较低，学习时难以集中注意力。所以，在实际教学中，教师可以使用各种对学生有吸引力的教学手段，如采取视频、图片等直观的教学形式来丰富课堂教学。不同程度的智障儿童智力水平有所差异，教学中要从学生的实际情况出发，运用多媒体和实物教具，增强音乐教学的现场感，让智障儿童有身临其境的感觉，从而加深他们对音乐的印象，激发他们的音乐学习兴趣。对于智障程度较重的儿童，可以采取幼儿园小班儿童的音乐教学方式，让他们在情景交融中感受音乐的魅力。在讲授新课时，要营造良好的教学氛围，例如，学习儿歌《大白鹅》时，可以采取角色扮演的方式，将提前准备好的动物面具让智障儿童戴上，创设歌曲情境，以故事的形式贯穿全歌曲，以此加深他们对歌曲和歌词的理解与认知，这样既避免了课堂的枯燥乏味，又激发了智障儿童对音乐学习的兴趣。

2. 利用律动吸引智力障碍儿童的注意力

律动是健身、美容、养生、康复等常用的方法之一。在智障儿童的音乐教学过程中，律动是不可缺少的，一方面，通过律动可以调动和吸引智障儿童的音乐学习注意力，培养智障儿童的音乐学习兴趣；另一方面，律动有助于智

障儿童的康复训练，增强其肢体的协调性。因此，在特殊音乐教学中要注意加强学生的身体运动，在跳动中快乐地学习音乐。例如，进行"拍手游戏"时，可以引导学生一边感受音乐，一边跟着音乐做律动操，也可以引导学生分组进行简单的即兴表演，这样既能帮助他们梳理音乐的节奏，又能激发学生对音乐的兴趣，提高其感知能力和表现能力。

3. 设计特色的音乐欣赏课程

在设计音乐欣赏的课程时，教师可以指导学生聆听歌曲，在音乐中感受和体验节奏，还可以根据歌曲编排舞蹈，创设生活化音乐场景，让场景和音乐融为一体，加深学生对音乐的理解，培养学生的情感态度，鼓励他们在音乐欣赏中随韵律再创造，激发智障儿童音乐学习的积极性。

### （二）适当地运用音乐游戏

在音乐教学中，适当地运用音乐游戏可以激发智障儿童对音乐的兴趣，因此，提高音乐游戏活动的趣味性是通过音乐形式实现教学目标的重要一环。对于注意力集中时间较短的学生，或者是知识接受能力不强的学生而言，音乐游戏是更为合适的教育方式。例如，在教学过程中，可以进行鼓声游戏，游戏规则为，当鼓声响起时，学生需要进行走动，但是不能与别人发生肢体接触；而鼓声停下时，学生要站在原地，不能走动，如果鼓声停下时，学生仍有腿部动作，那么这个学生将会被淘汰。通过这种游戏形式，让学生在走路与停止、不断调整自己与他人距离中，达到锻炼其反应及肢体协调能力的目的。此外，还可以进行抢椅子的游戏，音乐响起来的时候可以绕着椅子转圈，当音乐停下来的时候马上去抢占椅子，需要注意的是参加活动的人数始终要比椅子的数量少一个，这样的游戏也可以有效锻炼智障儿童的反应能力。

### （三）选择合理的教材

智障儿童音乐教材的选择，一定要以简单、活泼、有趣为原则，学习内容要切合生活实际。智障儿童对音乐的理解能力有限，这就需要教材与生活联系较为密切，这样有利于调动智力障碍儿童的学习积极性。例如，可以选取旋律简单、曲调活泼的儿歌，在进行教学活动时，由浅入深、层层递进，并辅以音乐游戏及音乐活动，进行"过山洞"等游戏，游戏动作看似简单，但对刚接触这一形式的智力障碍儿童而言需要一定的领悟时间，如果理解不够充分，在活动的时候容易找不到自己位置，参与活动的积极性不高。教师可以让已经学会活动规则的学生带动未学会的学生进行反复的排练，最终让学生完美地完成游戏动作。

## 第二节 智障儿童音乐教育的价值及教学策略

### 一、智障儿童音乐教育的价值

#### （一）审美教育价值

新课程标准指出，音乐教育应以音乐审美为核心。对于普通的学生来说，音乐教育承担着审美教育的任务，但对于智障儿童来说，进行审美教育就有了一层更为特殊的意义。

首先，通过审美教育可以培养智障儿童的审美情趣。由于智障儿童在认识美、欣赏美、评价美、表现美等方面的知识和能力较弱，因此，要达到审美教育的要求，完成对智障儿童审美教育方面的教学，对其进行智力的开发和身心缺陷的补偿，对审美的培养及对美的认识、判断、想象和创造能力的培养就显得尤为重要。而对于智障儿童来说，提高审美情趣最主要的途径就是音乐欣赏。由于智障儿童的思维是以直观动作和具体形象为主的，所以在指导智障儿童进行音乐欣赏时，要注意提高教学方式的灵活性，如编故事、设置特定情节，使其深深地融入教学环境中，这样既能提高智障儿童学习音乐的兴趣，还能提高他们的审美能力。

其次，通过审美教育可以净化智障儿童的心灵。很多智障儿童常常会因为自身的缺陷而感到自卑，不愿意与他人交流，不愿意和其他儿童一起玩耍，甚至对生活和未来失去信心。所以在对这些智障儿童进行音乐审美教育时，应该多引导他们自觉地走出自己的"世界"，多方位地感受和体验音乐和生活中的美，如可以选择思想性、艺术性都比较强的音乐引导智障儿童进行欣赏，这样不但可以使他们从优美的旋律中受到情感的熏陶和心灵的净化，还能够使他们从激昂、奔放的节奏中感受到生命的律动，从而引导他们形成正确的世界观和人生观，正确地认识世界、感受世界，感受世界的美好，发现生活中的美，并从中体验生活的快乐。

审美教育不应仅体现在学校的音乐教育中，在家庭教育中也应得到特别的重视。对于智障儿童而言，平时与他们接触最多的就是父母，无论是作为父母还是作为朋友，他们在智障儿童的成长过程中都起到了非常重要的作用，所以亦师亦友的父母更应该在其思想教育上下功夫，要教导其做个善良的人，用微笑面对世界，使其形成正确的世界观、人生观和价值观，不因自己的缺陷而对自己失望、对世界失望。

### （二）康复训练价值

音乐可以刺激智障儿童的大脑，发展其智力，提高他们的听觉能力和对外界的反应能力，通过律动加强身体的协调能力，在演唱音乐歌曲的过程中也能使他们的语言能力得到提高。智障儿童一般都有语言障碍，以音乐为纽带与他们进行心灵和情感的沟通，可以使他们从音乐中获得人生的希望和对未来的憧憬，从而激励他们勇敢前行。同时，音乐教师在教授的过程中，应怀着关爱之心，耐心地教导他们，以高涨的热情迎接他们，以自己积极的人生态度影响他们，使他们爱上音乐，爱上音乐给他们带来的变化。

智障儿童与普通儿童在生理或者心理上都有着很大的不同，智障儿童之间也有着很大的差异，所以在对智障儿童进行音乐教育时，除集体活动外，还应根据智障儿童不同的生理、心理特点，制订相应的教学内容和教育方式，挖掘并发挥其潜能，使其发现自身的优势，促进其康复并适应社会的发展。例如，对于多动的智障儿童，音乐教师可以对其进行强节奏性的音乐训练，通过音乐有规律地持续活动，使其适应音乐的律动，从而规范和约束自己的行为；对于少动的智障儿童，可以通过集体活动如音乐游戏等形式与他们进行沟通，同时促进他们相互合作的能力。

智障儿童由于注意力不集中、记忆力较差，对所学的知识记忆不牢固，所以教师应该采用小步子、多循环的训练方法。每节课有明确的知识点，但不宜过多，1—2个最佳，同时，通过不同的教学形式进行循环教育，强化他们的记忆。智障儿童认知水平较低,记忆的内容不准确,所以音乐教师应加大他们的练习力度,通过大量的实际操作,加深他们对知识的理解和巩固,从而加深其记忆。而针对智障儿童语言、行动发展缓慢的特点,教师可以通过不同的教学方法,强化对其大脑的刺激,使他们的各个器官都能得到较好的训练,提高其协调能力。

### (三)品质培养价值

第一,音乐教育可以培养智障儿童的毅力。智障儿童往往依赖性很强,在游戏中往往会因为困难而放弃,缺乏坚持到底、克服困难的毅力,音乐教师可以采用游戏的形式,在玩乐中教导他们坚持不懈、有始有终的优秀品质。

第二,音乐教育可以增强智障儿童自我控制能力。智障儿童比较容易冲动,行为难以自控,音乐教师可以让他们多听抒情音乐,或者学唱一些比较简单的乐曲,在舒缓的音乐旋律中,使学生情绪得到镇定,放松自我,从而提高其自我调节情绪的能力。

第三,音乐教育可以培养智障儿童的自信心。智障儿童智力较低、学习能力较弱,在语言表达方面和与他人交流方面有一定的困难,所以在与他人进行交流时,往往会由于不能正确表达自己的想法而自卑。音乐教师可以通过给他们讲一些残障人士通过自己的努力取得成功的例子,特别是在音乐方面的成就,鼓励他们,使他们克服心理障碍,学习自己感兴趣的音乐知识,从而获得自信,同时再对其进行集体排练、表演,提高他们的社交能力和合作能力。

### (四)世界观养成价值

世界观是人们对于整个世界的根本观点和总体看法,要培养智障儿童正确的世界观,离不开一个健康的教育环境。对于智障儿童来说,有两种常见的不利于其健康成长的教育环境:第一种是家长认为自己的孩子有缺陷,所以从不带他们出去,不让他们与其他儿童交流,把他们束缚在狭隘的环境中,不利于他们健康成长的同时更是在无形中歧视了他们,从而加深智障儿童的自卑心理;第二种是家长认为自己的孩子有缺陷,所以对其百般照顾和疼爱,什么事情都不让他们做,最终不但使孩子失去生活自理的能力、对父母产生强大的依赖性、不敢与除父母外的其他人沟通交流，甚至还会使他们的性格产生缺陷，变得固执、易怒等。在这样的环境中成长，智障儿童将得不到正确的教育，不知道如何正确地面对世界，不知道如何与他人交流，长此以往，就很容易失去正常的心态和行为。

音乐教育以音乐审美为核心，通过对音乐的欣赏，以及对音乐人的人生经历的讲解，能够使智障儿童在感受音乐独特的旋律外感悟音乐中所涵盖的人生态度和价值，从而实现思想和情感的交流，引起情感的共鸣，形成积极乐观的人生态度，确定正确的人生目标。

### （五）智力因素开掘价值

智障儿童大脑皮层功能受损，会导致他们不同程度的智力问题。他们通常知觉速度缓慢、识记新材料缓慢且记忆不牢固或不准确，判断和分析能力差，注意力不集中，想象力匮乏，音乐教育可以改善智障儿童在这些方面的缺陷。

首先，音乐教育可以提高智障儿童的感知能力。音乐本身就是一种听觉艺术，在欣赏音乐的过程中，音乐动人的旋律可以吸引智障儿童的注意力，使他们自觉地去感受音乐，尽管他们还领悟不到音乐的深刻内涵，但是能够感知音乐的律动。另外，在音乐感知的过程中，智障儿童的多种感官，如听觉、视觉等被调动起来，从而使身体各方面协调发展。

其次，音乐教育可以提高智障儿童的记忆力。在智障儿童的学习活动中，记忆效果低下是造成他们学习困难的主要原因之一。所以在智障儿童的音乐教育过程中，音乐教师首先应选取符合智障儿童特点的素材或者是故事性较强的音乐，在吸引他们注意力的同时加深他们的印象；其次，教师应注意到智障儿童识记新知识缓慢的特点，采用灵活多样的复述策略，如分别用音乐欣赏、乐器演奏结合音乐以故事的形式表现出来等，耐心地帮助他们准确地回忆和记忆；最后，音乐教师应注意选材的艺术性，还要根据智障儿童的记忆规律（识记完材料1小时以后遗忘60%左右，2小时以后遗忘大约75%，24小时后遗忘90%左右），科学地安排音乐教学时间，提高学生学习效率。

最后，音乐教育可以提高智障儿童的抽象思维能力。智障儿童由于智力缺陷，其认知能力较直观，而抽象性思维比较薄弱，他们只能差不多理解自己所看到的，而对于抽象的、需要发挥他们想象力的事物则难以理解。而音乐语言的抽象性，再加上特殊音乐教师的正确引导，可以增强智障儿童的情感体验，使他们的思维能力得到较好的发展。例如，音乐教师在讲授"节奏"概念时，智障儿童可能会难以理解，但当教师以敲鼓的形式给他们展示"节奏"时，他们便会被吸引过去，这时教师可以通过让智障儿童走、跑、跳等来适应鼓的节奏，感受节奏的魅力。

### （六）非智力因素发展价值

音乐教学游戏能有效提高智障儿童的学习兴趣、吸引智障儿童的注意力及激发智障儿童的情感等。音乐教学游戏是指在遵循一定课题的基础上，使用相应的教学游戏材料，在预设的场地和情境中进行的游戏活动。儿童天性是好动的，游戏是他们最大的乐趣，也是他们注意力最集中的时候，智障儿童也不例外。所以在智障儿童的音乐教学中加入游戏学习环节，可以提高其注意力，使其在轻松愉快的氛围中学习知识，补偿其身心的缺陷。

音乐集体活动能培养智障儿童良好的道德品质和行为习惯。智障儿童性格较孤僻、易冲动和情绪化，在音乐教授过程中举办集体活动能使他们从自我封闭的世界里走出来，学会主动地与其他儿童交流，提高其沟通能力和交往能力。另外，在其他儿童的模范带头作用下，再辅以奖励，还可以有效地纠正智障儿童的不良行为。

### （七）生存发展价值

智障儿童由于智力残缺，难以在文化科学知识的掌握上达到高水平，教育智障儿童最重要的目的是使他们康复和适应社会生活。在音乐教学中使用情境教学法能收到事半功倍的效果。

智障儿童由于智力上的缺陷，不可能像普通儿童一样对文化科学知识的学习和掌握那么轻松，一些简单的文化知识对于他们来说可能都是难以理解的。所以在对智障儿童进行音乐教育时，不能以教育普通儿童的方式来对待他们，而应该注重情境教学法，让智障儿童通过在课堂上扮演不同的角色来反映不同的生活内容和劳动场景（家务、劳动等），从而让他们在理解知识内容的前提下，懂得生活常识，提高其独立生活的能力。

对智障儿童进行特殊教育的目的是使他们能够适应社会的需要，能在社会上独立生存，所以为了扩大智障儿童的就业面，音乐教师可以在音乐课堂中对学生进行边听音乐边做手指操、眼保健操、体操等训练，以提高其协调性和生存技能。

在音乐课堂外，教师可以带领智障儿童去亲身体验社会生活，如组织学生当一日交通指挥员、社区服务志愿者等，使他们既能学到劳动技能，又能感受到劳动所带来的荣誉感，从而激发其学习知识和技能的兴趣和意志力。

## 二、智障儿童音乐教育的教学策略

### （一）情感教学法

智障儿童对事物表象的认知和理解十分贫乏，语言发展水平较慢，让其主动地欣赏音乐对培养智障儿童初步的想象力和创造力是有很大帮助的。而对智障儿童进行音乐教育的第一步，就是学习音乐节奏，训练他们的节奏感，使他们能够将节奏性动作表达出来，同时启发他体验唱歌、感受音乐，促进其音乐潜能的发展。

智障儿童最容易感知的就是节奏，在日常生活中，不管是正常的走、跑动作，还是动物的叫声和动作，都在特定的节奏中。所以对智障儿童的节奏教学可以以实际生活为切入点，让其在感受大自然、感受社会的同时感知节奏和情感，学习音乐知识。如模仿动物走路的动作和叫声，让他们感受大象走路动作慢、小鹿跑得快、小猫叫声长而轻、小狗叫声短而有力，这样他们便对节奏的快、慢、轻、重有了一定的了解。还可以通过以固定的节奏敲打乐器的方式，让他们体会其中的情感，如以慢而沉重的节奏敲击乐器代表悲伤、沉闷的情感，而以快而急促的节奏敲打乐器则代表欢快、热烈的情感。这种体验可以使智障儿童对音乐的节奏变化有一定的认知，对于不同节奏所抒发的情感也有一定的了解。

### （二）奥尔夫音乐教学法

奥尔夫音乐教育体系是由德国近代著名的音乐家、教育家卡尔·奥尔夫针对儿童音乐教育设计创立的。他强调一种"整体的艺术"和"原本的音乐"，他所追求的音乐是一种天然的人们可以沉浸在其中的美妙音乐，把全身心最大限度地投入音乐活动，通过自己全身的感官，包括听觉、嗅觉、视觉、触觉等去感受音乐。这是一种主动接受音乐的过程，是情感自然而然的表露，是来自灵魂深处的共鸣，是接近生活、自然、儿童天性的活动方式。为了使教育对象——智障儿童在学习活动中得到真正意义上的补偿教育，这种教学法也被广泛应用于特殊儿童音乐教学领域。奥尔夫音乐教学法提供的这种天然的合乎儿童天性的方式，使智障儿童可以以舒心的方式、快乐的状态去接受音乐、感悟音乐，使他们身体的多种感官，包括视觉、听觉、触觉、动作觉、情绪和认知能力等都被最大限度地激发，从而刺激大脑做出反应，提高了身体的协调性，心理障碍也得到了很好的纠正，同时在培养学生自尊、自信、人格等方面也发挥了很大的作用。

#### 1. 运用游戏中的音乐活动

自由即兴的方式可以使儿童不受任何音乐技法的限制，随心所欲地用音乐表达自己，用动作表达自己对音乐的理解。所以在对儿童进行行为纠正时，可以采取音乐游戏的方式，让学生在自由地"玩"乐器的过程中宣泄自己的情绪，提升对音乐的兴趣和理解，从中找到努力的方向。同时也可以让学生跟着音乐的节奏拍手、踩鼓点等，在其掌握了音乐的节奏规律后，让其用不同的走法自行发挥，可以向前走、向后走、快走、慢走等，这种即兴的教育方式，可以最大限度地激发智障儿童的潜力和创造力，对他们的思维发育和认知能力的提高都有很大的帮助。

#### 2. 音乐与身体动作相结合

奥尔夫认为，音乐应是和身体动作相结合的，用身体感受的节奏律动可以内化为动态的心理平衡能力，所以儿童应该多用身体动作去感受音乐，随着音乐的节奏附加特定的舞蹈动作。

所以音乐教师在课堂教学中，除了让学生随着音乐节奏进行拍手、拍腿、跺脚等动作，还可以挑选一些简单的，适合舞蹈动作的音乐，搭配特定的简单的舞蹈动作反复教学，直到智障儿童能够熟练地掌握，然后可以在下堂课中，播放音乐让学生根据记忆自行舞蹈，对于学生不熟悉的地方，教师可以进行再次教授，循环往复，达到加深记忆的目的。

3. 奥尔夫乐器的应用

学习乐器并不是一件简单的事情，对于一个普通儿童来说学习乐器都是很枯燥和困难的，更别说是智障儿童了。但是乐器可以提高智障儿童学习音乐的兴趣，丰富音乐教学的内容，同时还可以促进儿童的大脑发育，提升其肢体协调能力，所以，音乐教师在对智障儿童进行乐器教学时，可以选择奥尔夫乐器。奥尔夫乐器包括音高的音条乐器（如各种木琴、铝板琴、钟琴等）和无固定音高的打击乐器（如各种鼓、三角铁、钹、哑铃、沙锤等）。奥尔夫乐器具有原始乐器的特点，属于纯节奏型乐器，学习起来比较简单，像是一件件有趣的玩具，能够使智障儿童在玩乐中学习到简单的乐器操作知识，从而有效促进音乐教学的展开。

**（三）激发兴趣教学法**

1. 引情入境，激发兴趣

在讲授新课时，音乐教师可以以讲故事的形式进行导入（所讲故事要符合教学内容），这样不仅可以激发智障儿童的学习兴趣，提高他们的注意力，调节他们的学习情绪，使他们能够积极地学习音乐知识、学习演唱，还能开发他们的想象力。同时音乐教师要注意语言生动、形象，讲述故事时要富有情感，还可以在课堂中运用音乐游戏辅助教学，吸引学生的注意力，活跃课堂氛围，以达到最优的教学效果。

2. 律动激发兴趣

律动即在听音乐的同时用身体运动来体验音乐，并将这种体验转化为感受和认知，这就要求在对智障儿童进行音乐教学的过程中，教师要加强对学生节奏感的培养，提高其对节奏的注意力、判断力和反应力。如让智障儿童感受肌肉的松紧带来的节奏变化；让其在稳定的拍子中行走，踏出重音符，并根据重音的变换，改变运动方向和动作；组织学生进行体态律动的组合表演，让学生体验节奏变化。同时还可以根据智障儿童的特点及教学歌曲的内容，编一些律动简单的舞蹈让学生模仿，使音乐的情感和律动融为一体，提高他们的节奏感和学习音乐的兴趣。

3. 乐器激发兴趣

智障儿童对乐器的操作一般都很感兴趣，所以在音乐教学中有效地添加一些乐器的学习和教学方式，如让学生分别用串铃、口琴等乐器演奏一首简单的歌曲，或者配合教师弹奏的旋律进行演奏等，都能提高学生的学习兴趣。

4. 表演激发兴趣

智障儿童跟普通儿童一样，好动、表现欲强，所以教师可以充分利用这一特征，以表演、舞蹈等形式，配合音乐课程，满足学生的表演欲望，提高其参与课堂教学的积极性，培养其对音乐教学的兴趣。

### （四）整体互动趣味教学法

1. 寓教于乐

智障儿童注意力容易分散，很难集中精神去学习某个东西，所以采取趣味性的音乐教学方式，营造一种宽松活泼的课堂氛围，能够很好地激发智障儿童的学习兴趣。例如，在学生初步了解了乐曲旋律后，教师趁热打铁，让学生运用各种教具进行表演，在实践过程中，亲身体验音乐的魅力，在快乐中学习。

2. 寓教于情景

亲身体验要比课堂上教师生硬地讲授深刻得多，在音乐教学中，教师应该根据课程的内容设置不同的教学情境，让智障儿童能在情境中领悟到音乐的美妙。如在欣赏有关大自然的歌曲之前，带领学生来到户外，亲身感受大自然的美、大自然的声音、大自然的颜色，在他们沉迷于大自然的美景时，找准时机，播放要欣赏的音乐，让学生闭上眼睛，仔细聆听音乐，感受音乐与大自然的融合所带来的震撼。

3. 寓教于情理

智障儿童由于理解能力较差，简单地教唱很难让他们记住歌词，更别说音乐中蕴涵的情感了。所以音乐教师在教学过程中，应结合生动的故事，开启智障儿童的思维，帮助他们用心去感受和理解音乐，与音乐中的情感产生共鸣。

## 第三节 音乐在智障儿童教育中的应用

### 一、音乐教育在智障儿童教育中的可行性

#### （一）节奏律动

音乐的律动是音乐特有的性质，律动赋予音乐独特的风格和内涵，同时，人们的肢体在节奏分明的鼓点上会不自觉地随着音乐的律动而摆动，这也是舞蹈产生的原因，随音乐而翩翩起舞基本上是每个人都有的自觉，智障儿童也不例外。智障儿童往往对音乐的律动非常敏感，他们会随着不同的音乐、不同的节奏变化而变换不同的肢体动作，如拍手、跺脚、奔跑等，他们通常都很喜欢富有节奏感的律动，这也会增强他们的自信心；同时，经常随着音乐摆动肢体，有利于提高他们的肢体协调性及其他肢体动作的开发。

#### （二）视听

对于智障儿童来说，识记乐谱是一件非常困难的事。智障儿童智力较低、注意力难以集中、易冲动、易怒，甚至难以管理自己的情绪，让他们安安静静地坐在教室学习枯燥乏味的乐谱，其困难程度可想而知。所以，音乐教师可以选择一些律动比较鲜明、节奏感比较强、比较亢奋的音乐给智障儿童听和学习，即使他们不懂乐谱，也能通过铿锵有力的节奏感知音乐刺激自己的大脑，带动自己的肢体随着强劲的律动舞蹈，从而对音乐有进一步的理解和感悟。

#### （三）器乐

儿童都是爱动好玩的，智障儿童也一样。他们喜欢摆弄一些东西，如玩具车、积木等，所以音乐教师可以根据智障儿童的特点，为他们挑选一些击打乐器，使他们可以在玩的过程中学会一些简单的曲子。教师可以指导他们，通过敲打不同的乐器来区分它们的声音，经过一些训练后，教师可以敲

打一些乐器，让学生辨别敲打的是哪种乐器，这种方式不但能够锻炼他们的动手能力，还能够提升他们对每种乐器的操作和感知能力。通过自己的双手敲打出不同音符的这种成就感可以使他们对音乐和乐器产生更深的兴趣，从而找寻到自己的乐趣，获得人生的方向。同时，智障儿童通过打击乐器，可以使内心的痛苦和自卑得到很好的宣泄，体会到世界的美好和善意，找到心灵的归宿。

## 二、音乐教育在智障儿童教育中的应用

### （一）培养语言

语言是人与人之间最直接的交流方式，是人情感直接表达的渠道。智障儿童由于智力水平较低、学习能力较弱、语言表达能力不足，往往词不达意，为了提高他们的社会交际能力，对其进行语言训练是教育工作的重中之重。

在音乐教学中，音乐教师可以将日常生活中比较常用的、语感比较强的、有一定节奏的词语，如吃饭、睡觉、洗手、高兴、奔跑等，通过音乐的律动展示出来，即为这些词语附加律动感，让学生跟着节奏读出来，使其在感知音乐的情况下，对这些常用的词语有一个基础的认识，从而减轻对学习的排斥，提高学习效率。同时，在学生对音乐学习有了一定的基础后，选择一些内容比较简单、节奏比较鲜明的歌曲，如《洗澡歌》《找朋友》等，让他们学习演唱，向他们耐心地讲解歌词的意思，演示正确的发音，使他们对歌词有一个大致的理解，并跟着音乐的节奏表达出来，这样不但可以培养他们对音乐节奏的掌握能力，还能提高他们的语言能力。

### （二）培养音乐感知

音乐是一门艺术，艺术往往源于生活又高于生活，所以对智障儿童进行音乐教育，既是一种补偿教育，同时又是一种艺术提升教育。智障儿童由于学习能力较差，与普通儿童相比会有很大的差距，但音乐教育对他们来说相对容易，需要记忆的东西比较少，而且教学形式比较活泼多样，学生可以在玩乐中比较轻松地掌握音乐知识。

对音乐的学习，可以让智障儿童在艺术的学习氛围中体验到学习的快

乐，找到与其他儿童沟通交流的话题，实现自己的人生价值。另外，通过音乐学习，学生能够在音乐的律动中带动肢体的运动，发展肢体的协调性，提升对音乐的感知能力。

### （三）帮助使用乐器

乐器是音乐学习过程中必不可少的辅助工具，合适的乐器可以促进学生对音乐的理解和感知，提升学生对音乐的兴趣。智障儿童在音乐的学习过程中也不可避免地会接触乐器，但是对于一般的智障儿童来说，较复杂的乐器，如钢琴、小提琴等学习起来是比较困难的，所以针对智障儿童的特点，音乐教师应该为他们选择合适的乐器，如奥尔夫乐器、口琴、小鼓等，使他们不会因为乐器太难而放弃对音乐的学习。

当智障儿童能够熟练地掌握了一些简单的乐器时，其对音乐的理解和感知能力也会有进一步的提升，甚至从被动地学转为了主动地感受，并在学习的过程中找到了心理的平衡点，找到了心灵的寄托，内心的情感也可以通过乐器宣泄出来，保证心理的健康。

### （四）提升欣赏能力

虽然智障儿童在智力和行为上有一些缺陷，但他们同样拥有自己的审美，他们有自己喜欢的衣服和鞋子、有自己喜欢的人和动物、有自己的兴趣爱好等，让他们穿自己不喜欢的衣服或者做自己不喜欢的事，他们就会露出不开心的表情，而当他们拥有了自己喜欢的玩具时，他们又会非常开心、非常乖巧，这些都是他们的情绪。

他们的审美能力是与生俱来的，而且是随着后期的学习可以不断提高的。音乐教育即从艺术的角度切入，向智障儿童打开了音乐的艺术之门，向他们展示音乐的美妙，并通过音乐的持续熏陶，提升其对音乐的欣赏和审美能力，相应地，智障儿童还会将这种审美能力应用到生活当中，促进自身的全面发展。

# 第六章 视障儿童的特殊音乐教育

## 第一节　视障儿童音乐教育的意义

视障儿童即视觉障碍儿童，是特殊儿童的重要群体之一。视觉障碍也可以称为视力残疾、视觉缺陷、视觉损伤，一般包括盲与低视力两类。

眼睛是人的重要的感觉器官，人对外界的第一感知首先是来自视觉，对事物的第一印象往往来自视觉认知，如想要知道花儿的形状、颜色、状态等，用眼睛看是最直观的方式，然而对于视障儿童而言，认识世界的主要方式是听和触。

听是视觉障碍儿童的主要认知方式，由于他们无法直观地看到事物，所以他们无时无刻不在仔细聆听，甚至是嘈杂的环境中被我们所忽略的极其微小的声音，他们都能准确地捕捉到，因为这些声音是他们认识这个世界的重要来源。音乐教育是一门听觉艺术，视障儿童用他们敏锐的听觉去学习音乐是完全可能、可行且必要的。音乐教育中的许多方面，如歌唱教学、器乐教学、律动教学等，对视障儿童的听觉、触觉、语言等的发展都具有积极作用。

### 一、音乐教育对视障儿童具有教育提高意义

音乐课在盲校是非常受欢迎的一门课，大多数视障儿童都对音乐有很大的兴趣，他们喜欢聆听和歌唱。调查显示，视障儿童的音乐教育与一般儿童相差无二，有些视障儿童甚至因为视力的缺陷，而对声音的敏感程度高于普通儿童，如在模仿节奏和听唱旋律方面。由此可见，对视障儿童的音乐教育并不存在障碍。视障儿童与普通儿童的音乐教育目标是一致的，因为虽然视障儿童存在生理上的缺陷，但他们的身心发展与普通儿童并无二致，加上他们天生就对声音有敏锐的感知，为他们接受音乐教育提供了很大的帮助。古今中外也有许多盲人音乐家，如罗德里戈和他的名曲《阿兰胡埃斯协奏曲》，第一批被列入摇滚名人堂人物之一的雷·查尔斯，开创了节奏布鲁斯音乐，他们都在音乐上有所建树。可见，视障儿童通过良好的音乐教育，同样可以在音乐领域有所

作为。音乐是一种艺术形式，它通过有组织的音响，创造特殊的艺术形象，表达人们的思想和情感。通过学习音乐，学生可以提高自己的音乐素养、认知水平、表演能力等，勇于表达自己的思想，提升自己的创造能力，这便是音乐的教育意义。

首先，视障儿童在学习音乐的过程中，可以提高自己的审美水平，丰富自己的情感体验。视觉损伤让视障儿童在了解世界的过程中缺乏直观的获得美的能力，而通过音乐教育，他们可以根据听到的音乐，自由发挥想象，感受音乐的美感，在音乐中展开对美的想象。音乐是一种大众艺术，人们可以在欣赏音乐的过程中陶冶心情，使自己获得美的感受。在对视障儿童的音乐教育中，应注重培养他们的感知能力，美好的事物和情感并不一定需要通过眼睛获得，运用其他感官一样可以感受美。视障儿童的音乐教育应该以美育为核心，形成正确的审美观是进行审美教育的基础，丰富他们的想象力、创造力，让他们能对听到的音乐进行想象，从而形成画面，这对美育教育具有重要意义。

其次，视障儿童可在音乐学习中掌握音乐的基本知识和基本技能。对音乐基本知识和基本技能的传授是音乐教育的基础，这个过程与其他教学一样，是对特定的内容的传授，如声乐和器乐、表演和创作、乐理和欣赏等。教师把知识通过教学的方式传授给学生，丰富他们的知识网，帮助他们创建自己的知识体系，有助于加深他们对音乐的理解和感知。对视障儿童的知识和技能的传授与普通儿童一样，不同的是在教学方法和教学策略上应该做出相应的调整，如使用盲文乐谱，在教学过程中让他们多听多唱，避免教师一味讲解。由于视障儿童的特殊性，对视障儿童的音乐教育要更加具有针对性，以保证他们对音乐的美好向往和追求。

再次，视障儿童可在音乐学习中树立爱国主义和集体主义精神，这是音乐教育德育功能的体现。视障儿童往往会因为自身的缺陷而感到自卑，甚至变得孤僻，这就需要教师在进行音乐教育的过程中对其进行适当的引导。通过音乐作品中对伟大祖国的歌颂和对美好生活的向往，培养他们的爱国意识和爱国主义情怀，让视障儿童对生活充满信心，不妄自菲薄。在集体音乐实践活动中，要注意培养他们良好的行为习惯，通过学习有团结意义的作品，如《众人划桨开大船》等，使他们明确团结合作的意义，互相包容、理解，相互尊重，树立合作的团队意识和集体主义精神。

最后，视障儿童的音乐教育应与其他学科教育相结合。青岛盲校曲桂萍教师的文章《浅谈散文的配乐教学》与南京特殊教育师范学校孙加文教师的文章《谈谈音乐在盲校历史教学中的运用》就分别研究了音乐与语文及历史教学的结合。音乐教育是特殊而又普遍的，把音乐应用于各学科的教学实践活动中，有助于学生对知识的理解、记忆和延伸，使要学习的内容更加直观地呈现在学生的脑海里，同时，要鼓励学生发散思维，发挥自己的想象力，对音乐内容进行想象和描绘，挖掘旋律中隐藏的深层意蕴，提高学生的学习效率。

## 二、音乐教育对视障儿童具有康复补偿意义

"康复"一词源于英文"rehabilitation"，原意是康复、恢复原来良好的状态，重新获得能力，恢复原来的权利、资格、地位、尊严等。1981年，世界卫生组织医疗康复专家委员会对"康复"的界定为应用各种有用的措施以减轻残疾的影响和创造社会条件以利于他们重返社会。对特殊儿童的康复教育是让他们进行正常生活，建立他们自尊、自信的重要手段，采用音乐教育的方式对视障儿童来说是极为正确且必要的。

### （一）矫正"盲态"、培养定向与行走能力

视障儿童由于视力的丧失，在成长过程中难免会出现自卑心理。视障儿童由于缺乏安全感，出于自我保护的意识，在遇到特殊声响或探路的过程中，常出现低头、缩颈、弯腰等非正常的身体姿势或形态。同时，他们还会经常下意识地寻找光亮，挤眉弄眼或做小动作，这些都是缺乏自信和安全感的表现，这些行为一旦形成常态，就很难改变或矫正，对于这些状态，我们称之为"盲态"。大多数盲人或多或少、或轻或重都会有盲态，对于视障儿童而言，不及时预防和矫正，对他们的成长是十分不利的。定向与行走，是指视障儿童运用各种感官，包括残余视力，对周围的环境做出判断，辨别方向和明确自己的目标，从自己所处的位置移动到目标位置。定向行走能力的培养对视障儿童来说是非常重要的，学会定向行走，有助于视障儿童自尊心的建立，对他们的身体

形态、心理健康发展都具有积极意义，有助于他们更好地融入社会生活，提升自身幸福感。

音乐教育中的律动教学往往是把音乐和身体动作结合在一起，这一教学活动对视障儿童盲态的预防和矫正、身体的锻炼和定向与行走能力的培养都可起到积极作用。如在听轻松明快的音乐时，视障儿童的身体会随着音乐放松下来，这时教师可以进行适当的语言引导，让学生缓缓抬起双臂，放松面部表情，放松身体和心情，随着音乐摇摆身体，在享受音乐的过程中得到心灵的陶冶和肢体的矫正；而在聆听节奏鲜明的音乐时，可以让他们跟随音乐有规律地运动，教师可以指导学生做原地踏步或原地跑步动作，以此来锻炼他们肢体的协调性。视障儿童在跟随音乐做动作时，教师首先要保证环境的安全，避免他们在活动过程中出现事故；其次，教师要在纠正视障儿童动作规范性的同时多对他们进行鼓励，使他们在保证动作正确的同时达到矫正"盲态"和养成良好的行为习惯的目的。在律动教学中，不仅要有原地的肢体动作，还要有移动或行进等动作，训练视障儿童的定位与行走能力，可以采取定点移动的方式。定点移动即视障儿童根据有效的方法，如教师的语言或音乐、乐器的指引，从一个地方向另一个地方移动，完成律动中的位置移动。

（二）感知觉功能的训练与补偿

人体在某一器官受损后，身体的其他部分机能会随着受损机能的下降而逐渐上升，以补偿受损器官的功能，从而获取生活所需的信息，认识客观事物，完善自身发展。补偿视觉缺陷是盲校的主要教学目的之一，也是各科教学和一切教学活动的重要任务。研究表明，视障儿童尽早对听觉、触觉和受损视觉进行恢复训练，能提高他们的感知性，缩小他们与普通儿童的差距。在音乐教育的过程中，视障儿童的听觉和触觉会得到不同程度的发展，这对其视觉上的缺失有很大的补偿意义。

音乐活动对听觉有非常高的要求，对视障儿童而言，听觉训练贯穿音乐教学的始终。如在欣赏音乐教学中，对音乐的聆听和鉴赏可以锻炼视障儿童的听觉注意力，使其对音乐具有敏锐的感知能力；在器乐和歌唱教学中，对歌词的反复识记、对不同乐器的声音鉴别和对旋律的学习，可以使视障儿童的听觉记忆力得到有效发挥；在听音与节奏练习中，可以从不同角度训练其听觉的敏锐性和准确度；同时，在设计教学活动时，教师可以通过设计生动活泼的听音游戏来提高学生对音乐学习的兴趣，使学生自觉、自愿地参与课堂学习，主动识记不同的声音信号的特征，使其具有辨别各种声音、乐器的能力。另外，器乐教学对视障儿童的触觉的发展具有重要意义。由于视力上的缺陷，他们对于器乐的学习存在很大的困难，往往需要很长一段时间的摸索，他们要想学习器乐，必须先了解乐器的结构、音阶的跨度、演奏时的手形，而由于视觉上的障碍，这些都必须通过触摸来学习，这对提高他们的触觉敏锐度和记忆力有很大帮助。通过对乐器的学习，让他们感知新鲜事物，会使他们渴望学习新知识，渴望明确未知事物的存在和发展，提高他们学习的主动性和自觉性。

### （三）语言能力的完善

语言的习得主要依靠听觉而不是视觉，所以就视觉障碍本身而言，并不影响儿童语言的发展，但是在语言的学习过程中，仅仅依靠听觉是不行的。在学习语言的过程中，仅凭听觉而看不到口型会产生发音不准、口吃或颤音等现象。视障儿童的语言缺乏感性认识，他们不能借助肢体语言来表达自己的想法，会导致语言与实物脱节现象的产生。音乐教育对视障儿童语言能力的完善起着积极作用，在歌唱教学中，教师可以让学生大声地朗诵歌词，对于读错或读不准的字词，可以采用夸张的嘴形慢速地让学生识记，或者在歌唱过程中，让学生理解作品想要表达的情感，使学生的情绪与歌词的内涵相一致，从而加深学生对歌词的理解。教师在教学过程中，可以鼓励学生自己创作旋律，比如想象自己处于不同的环境下，依照想象中的环境描绘自己的心情，以此为依据创作歌曲旋律。视障儿童由于没有直观视觉的限制，想象力比普通儿童要丰富得多，教师在评价视障儿童创造的旋律时，要以鼓励为主，肯定视障儿童的努力。同时，也要帮助他们学会借助肢体语言达到表达的目的。通过适当的教育，视障儿童的语言学习困难有很大一部分是可以被克服的。

除此之外，音乐教育对于视障儿童健康性格的培养、精神世界的丰富和学习行为上的改观同样具有积极作用。视障儿童由于生理上的缺陷，与外界的接触有限，常常会感到消极，因为他们不能直观地欣赏美好的事物，可能会脾气暴躁甚至焦虑，音乐教育能使他们产生积极的情感表现，使他们变得积极阳光、乐观向上。在接受音乐教育的过程中，学生对知识的渴望会被极大地调动起来，接收到了新鲜的事物，也会使他们对学习充满信心，从而形成了长远而持久的学习动机。

特殊儿童音乐教育的教育与康复意义在许多方面是相互交叉、相互渗透的，目前，我国对特殊儿童的音乐教育与康复同时存在，但将二者整合在一起的教学还处于无意识状态。对特殊儿童音乐教育的意义在于将二者有机结合，让它们在实践中不断完善，更好地促进特殊儿童在音乐才能、身心素质上的健康全面发展。

## 第二节　视障儿童的音乐审美教育

### 一、视障儿童音乐审美教育的特点

#### （一）生理局限性

视障儿童视觉上的缺陷影响了个体活动与感知的范围，从而使得他们对周围事物的认知面狭小。视障儿童获取信息的主要来源是听觉和触觉，视觉上的缺失让他们无法感知色彩、亮度、物体的远近等，而这些信息是无法通过其他感觉器官代偿的，他们由于缺少外界鲜艳的色彩和美好事物的刺激，在对音乐的理解和感知上有所限制，不能完全体会音乐作品的美感，这就需要教师在进行音乐教学时，站在视障儿童的角度思考问题，通过多种方式为学生创造补偿教育环境，使代偿感官充分发挥作用。

#### （二）心理局限性

生理上的局限必然带来心理上的差异。视障儿童视力受损，无法像普通儿童一样生活、学习，这种差异给视障儿童认识世界带来了一部分困难，也导致视障儿童心理发展上的差异，具体如下：

第一，悲观。视障儿童虽然视力上有缺陷，但他们的智力、心理和其他生理器官与普通人无异，他们可以正常地进行生活和学习。他们有健全的大脑，与普通儿童一样，有理想、有追求，他们渴望知识、渴望力量，同时也渴望得到别人的尊重。但是由于视力上的缺陷，他们在很多方面都不能像普通人一样得到满足，这就造就了他们的自卑心理，从而使他们产生悲观的情绪，比如同样一件事情，要想取得和普通人一样的成就，他们需要付出更多的努力，就拿穿衣服这件小事而言，也是他们经过无数次实践才摸索出来的。但即使这样，有时他们还是会时常感觉到自己不如别人，觉得生活没有意义和希望。

第二，孤独感。视障儿童行动不方便，总是处于一种被动的状态，由于看不见，视障儿童往往会对自己所做事情的结果感到惶恐。他们不能通过视觉去模仿别人的行为，这直接导致了他们不能与普通人用体态语言进行沟通和交往，也不能像普通人一样，外出旅游、看电影、进行体育锻炼等。还有一部分视障儿童常处于一种惶恐焦虑的状态，他们害怕一些人看不起他们、讨厌他们，害怕给别人添麻烦，从而不愿意与别人交朋友，长期把自己关在家里。时间一长，孤独感就会油然而生，长此以往，他们就会变得狂躁、焦虑甚至自闭。

第三，个性强。有许多家长对视障儿童采取两种态度，一是溺爱，二是冷漠，其中溺爱者占多数，他们觉得儿童生下来就要遭受这样的不幸是自己的罪过，因而想方设法去补偿，对他们十分偏爱。这些视障儿童在家里拥有至高无上的地位，想吃就吃，想玩就玩，想要什么就买，家长舍不得他们做任何劳动，不懂得训练其独立意识和自我成长意识。这样家庭环境中成长起来的视障儿童往往骄横野蛮、不懂礼貌、不懂得尊重别人，在学校里更是遇到一点困难就束手无策，不动脑筋想办法。至于对视障儿童持冷漠态度的家长，一般会采取生二胎的做法，如果第二胎是个普通、健康的孩子，更会把所有的爱都倾注在第二个孩子身上，对第一个孩子不理不睬、不管不问。这样家庭环境中成长起来的视障儿童，往往不喜欢与别人交往，他们孤僻怪诞，以自我为中心，处处与人为敌，渴望引起别人的关注。

第四，盲目骄傲。盲目骄傲在视障儿童中占比较小，但这种心理对其身心的健康发展也有极大的影响。视障儿童普遍存在自卑心理，这使得他们经常在取得一点小成绩后就沾沾自喜,这与他们和外界接触较少,阅历、见识受到局限有很大的关系。

### (三)视障儿童音乐审美教育与普通学校音乐审美教育的区别

音乐审美教育的目的根据受教育人群的不同而不同,教育方法和手段也会有所不同,对普通学校的学生和视障学生的教育也就不尽相同。

在普通学校的音乐审美教育中,教师可以根据教学目的和教学内容,通过直观的教学方式,如运用多媒体课件、图片或模型创造完美的音乐教学意境,还可以在课前预设一个作业,让学生在课下通过对信息的收集、整理等完成一部分教学内容,在这个过程中,学生也可以感受到音乐的魅力,更能理解教师课上教授的内容。然而这些看似很简单的事,对视障儿童来说却是难上加难,他们由于视力上的缺陷,不能对事物进行直观感受,同时,他们缺乏必备的生活常识,导致他们在很大程度上理解不了教师想让他们理解的事物,这在教学上给教师提出了很大的挑战。但是,教师可以利用他们的长处,引导他们进入优美的课堂学习中,如引导他们通过触摸来感受事物,从而发挥自己的想象力;运用大量生动的语言,描绘出美丽的画面;通过反复播放音乐刺激他们的听觉感官。这些方式不但可以激发他们学习音乐的兴趣,还可以提高他们的语言表达能力,使他们能完整、准确地表达自己的思想。

### (四)教师在视障儿童音乐审美教育中的特殊作用

教师在视障儿童音乐审美教育中起到的主要是情感上的作用,即对他们进行加倍的爱的教育。视障儿童的自身缺陷易造成其性格封闭,不愿与人交流,因此教师很难与他们正常沟通,更不用说给他们传授知识。面对这种情况,教师要拿出更多的爱心、耐心和信心来对待他们,建立平等、和谐、融洽的师生关系,理解他们,关心他们,打开他们的心扉,与他们交朋友,让他们在爱的环境中接受教育、掌握本领。

## 二、视障儿童审美教育的实施

### (一)音乐课教学中的审美教育

音乐与其他艺术形式相比,更能贴近人的心灵,它能把人类无法用其他形式表现的情感通过音乐表达出来。音乐课教学中的审美教育是指教师在教学中给视障儿童渗透审美思想，用各种美的内容对学生进行思想教育，让他们在感受美的事物的同时，增强对美的感知能力，培养他们的审美意识和审美心理。与此同时，还要在教学过程中让学生能感受美、欣赏美、热爱美、创造美，达到启迪智慧、美化心灵、提高道德品质的目的，促进他们的全面发展。

1. 在唱歌教学中提高审美理解力和表现力

唱歌教学是通过歌曲具体的音乐形象给学生提供审美教育。歌曲由歌词和曲调构成，歌曲重在给人营造一种故事情节，或低吟浅唱，或慷慨激昂，或绵绵不绝，或曲高和寡，无论是以哪种形式表现出来，都好似在讲述一段撩人心弦的故事。歌曲这一生动形象而又具体的形式极易让学生接受，是对学生进行审美教育的重要手段。在对视障儿童进行唱歌教学时，教师要注意从歌词和曲调两个方面入手，把学生的思维带到歌曲的意境中去，使学生联想与歌曲有关的内容，从而更好地理解歌曲的旋律和意蕴。

对作品有深入的理解才能将其更好地表现出来，表现力对于一般儿童而言，可以通过视觉的观察和模仿来实现，但对于视障儿童来说，缺少了视觉上的直接冲击，对其表现力有非常大的影响。因此，提高视障儿童的表现力，要先从作品的节奏、强弱、速度等方面入手，引起学生的注意，提高他们的学习兴趣，再延伸到作品的歌词、旋律、意境等，这样可以使学生真正走进音乐的世界里，有效理解并掌握音乐语言，对音乐有更深的心得体会，能把听到的、感受到的音乐美自信地表现出来。

例如，歌曲《中国少年先锋队队歌》是一首节奏鲜明、旋律激昂、能振奋人心的歌曲，在教这首歌时，教师可以先引入情境，让学生回忆自己加入少先队成为少先队员的那天，并让他们畅所欲言，谈谈当时的感受，引导学生体会身为一名少先队员的光荣与使命，在学生的情绪热情高涨时，对学生进行深层次的引导，可以讲述一些革命先烈的故事，引起他们的情感共鸣，让他们明确自己对祖国的责任，立志建设更加美好的祖国，之后，教师就可以带领学生欣赏歌曲、领会歌词的意义并进行演唱教学。此时学生已经明晰了作品要表达的情感，自然能通过歌声把歌曲生动传神地表现出来。

### 2. 在器乐教学中培养审美情感和创造力

音乐课中的器乐教学不像歌唱教学那样，器乐教学是对审美体验的一种提升，是一种情感的升华，它把不同的乐器作为载体，把演奏者对音乐内容的理解淋漓尽致地表达出来。器乐演奏不仅要求演奏者的演奏技巧，同时还需要演奏者对音乐的内涵有深刻的了解，准确地把作品想表达的情感表现出来，需要具有对作品的深刻感悟和创造力，只有这样才能使演奏出来的作品令人感同身受。只有抓住这一因素，才能最大限度地调动学生学习的积极性，使学生在音乐教学中得到美的熏陶，提高审美情感。

把器乐教学和唱歌教学有机地结合起来，是培养视障儿童审美情感和创造力的有效教学方法。学生通过张嘴唱和动手奏，能提高自己思维和动作的协调能力，加深对作品的理解，只有对作品有了深刻的理解，才能把作品准确、到位地表现出来。教师可以对学生演奏过程中出现的问题进行有针对性的指导，引导学生把自己代入作品的情绪中，从而实现对作品的再创造和审美情感的升华。

例如，《和祖国在一起，和妈妈在一起》一歌，当学生能够完整地演唱出来，并能理解祖国像妈妈一样爱着他们，即使自己是一名残疾的儿童，也能感受到祖国的关心和爱护时，教师可对这首歌曲进行器乐教学，要注意提醒学生，把自己的真情实感融入乐器中，让乐器把情感传递出来，同时，还可以让学生用多种不同的乐器对歌曲进行演奏，在演奏中体会乐器间的差别及不同演奏方法表达出的不同的情感，丰富他们的情绪和创造力。

### 3. 在欣赏教学中提高审美想象力

音乐欣赏是欣赏者以音乐为对象，通过聆听或其他辅助手段（分析乐谱）来领会音乐的内容，从而达到对音乐美的感知，得到精神的愉悦和满足。欣赏教学中最重要的是给学生营造一种舒适、安静的良好氛围，让他们将注意力集中在音乐作品上，不受外界的干扰，能够在音乐欣赏的过程中充分发挥想象力，提高对作品的认知和感受。

音乐是一种关于声音的艺术，视障儿童由于眼睛上的缺陷，其听觉更加灵敏，在听到作品时，能更加敏捷地感受作品通过音响塑造的艺术形象。他们通过耳朵获取外界信息，感受音乐的旋律、歌词、情境和意境，从而得到美的熏陶。因此，对于视障儿童来说，音乐的审美情境的创设就是培养学生的音乐感受力。

所谓音乐感受力，简单来说，就是对音乐的感知能力。要想培养视障儿童的音乐感受力，最重要的是让其多听，通过聆听不同风格、不同旋律、不同意境的音乐作品丰富其视野，感受不同的情感表达。由于视障儿童缺少视觉的直观感受，教师在教学过程中可以通过教具给学生营造一种更加生动、形象的教学氛围，增加学生的心灵体验，充分调动他们的感官，引导他们的情感发展。

在欣赏器乐曲时，虽然没有歌词对作品做具体的阐释，但是它能够为听者提供更广阔的想象空间，尤其是对视障儿童而言，不同乐器表达出的情感是完全不一样的，即使是演奏同一首歌曲。例如，唢呐可以吹奏节奏欢快的乐曲，使人们置身温暖、幸福的氛围，也可以吹出低吟婉转的悲怆曲调，使人心生忧伤与悲痛；再如琵琶，白居易有一句诗专门用来形容琵琶的音色，即"大珠小珠落玉盘"，这句诗足以表达琵琶音色的明净；还有二胡，二胡是中华民族乐器家族中的弓弦乐器（擦弦乐器）之一，它的音色和音调能拉出离愁别绪，也能拉出辛酸苦楚。

在进行欣赏音乐教学时，教师不需要对作品做更多的介绍，要注重学生对作品的感受，不能把自己体会的情感灌输给学生，要注重学生的多样性发展和培养学生的想象力，引导学生实现审美想象的提高。

例如在欣赏《摇篮曲》时，要先给学生营造一种安静的氛围，让学生静静感受，在温柔、缓慢的音乐中展开联想，可能是妈妈轻摇摇篮在哄宝宝睡觉，也可能是宝宝睡得很香，妈妈轻摇了几下摇篮，这有助于学生感受曲子的力度、曲调等，配上歌词便更能真切地感受音乐的律动。在这个过程中，教师可以组织学生一起轻声哼唱这首歌，感受歌中的甜美与静谧，感受妈妈对自己的爱。

再如，中华人民共和国国歌是一首儿童都会唱的歌，教师在引导学生欣赏之前，可以先就作品的由来、作者及将《义勇军进行曲》定为国歌的过程做介绍，让学生了解时代背景后，分析歌词，理解词义，引导学生展开联想。这样，在带领学生欣赏作品时，学生就能对铿锵有力的国歌肃然起敬，体会到如今的美好生活是多么来之不易。此时再让学生跟着旋律演唱，他们的情绪会更加饱满激昂，日后每次听到国歌时，都能够想到祖国的伟大和坚强，也能以此来严格要求自己，使自己成为更好的人。

**（二）课外音乐活动中的审美教育**

1. 专题性音乐活动

专题性音乐活动是根据一定的主题，以集体的方式进行的一种音乐活动，如"助残日文艺晚会""庆六一文艺晚会""元旦联欢晚会""艺术节展演"等活动。学生通过多种不同形式的表演，在活动中体会作品的旋律美、节奏美、意境美，激起表演和演唱的欲望，拓宽视野，启迪智慧，拓展感知空间，丰富审美体验。

2. 竞赛性音乐活动

竞赛活动包括校内竞赛和校外竞赛两种。

校内竞赛活动是学生通过班级初选，代表班级参加学校竞赛的活动。学生在此过程中，不仅提高了自身的音乐素养，还能看到自己与其他人的差距和自身的优势，更重要的是，在参加活动的过程中，可以磨炼自己的意志，增强自己的竞争意识。

校外竞赛活动是指参加校外的如省、市、区的声乐竞赛、合唱比赛等活动，学生在参赛中，尤其是在参加合唱比赛中，有助于团结意识的养成。通过参加合唱比赛，学生能够学习合唱中不同的声部旋律，均衡声部的音量，增强团队协作能力，学会互相配合，培养集体主义精神。

3. 趣味性音乐活动

趣味性音乐活动是学生非常喜爱的一项音乐活动，学生参与其中，可以放松心情，巩固音乐知识，还可以培养自身的审美情趣和创造表现力，更重要的是，在活动过程中，学生的身心得到放松，也有助于挖掘其潜能和创造力。

## 第三节　视障儿童音乐教育存在的问题与发展策略

### 一、视障儿童音乐教育存在的问题

#### （一）对特殊音乐教育的重视程度不够

目前，大多数特殊学校的音乐教育依旧采用《全日制盲校课程计划（试行）》一书来指导教学，为了提高教学质量，许多地区已经出台了地方性的教学政策，但还有不少地区没有专门的政策法规。同时，特殊学校的教学经费、教学设备等缺乏统一规范，因此，对特殊学校的重视还需加强，需要制订科学的规划和统一的指导方针。

#### （二）对视障儿童音乐教育的资金投入不足

很多地区特别是中西部地区，很多特殊教育学校没有专项的关于音乐教育的经费，开展音乐教学所需要的设备、材料等更是少之又少，教学乐器老化、盲文音乐书籍得不到更新等问题严重影响了特殊学校的音乐教学质量，教师教学热情不高、学生学习兴趣低下。产生这些问题的原因之一是用来支持特殊音乐教育的资金投放少。对于普通儿童来说，他们的生活可以是多种多样的，丰富的课余生活让他们有所选择。但对于视障儿童来说，音乐教育必须占据其教育中的主要地位。他们由于先天或后天的缺陷，对这个世界的认知不足，缺少直观感受，不能准确地认识世界，但对其进行音乐教育，就可以引导他们走出黑暗，带他们感受阳光和温暖，充分发挥他们的想象力，让他们用音乐重拾生活的勇气和自信。因此，对于各级政府和主管部门来说，要加大对特殊学校教育的投资，给予特殊学校足够的重视。

#### （三）视障儿童音乐教育师资力量有待提升

任何教学活动的开展，师资力量都是重要的前提保证。所以，对于特殊学校的音乐教育来说，师资力量直接影响了教学水平和教学效果。特殊音乐教育的主体是特殊儿童，对音乐教师的教学能力和专业化水平提出了更高的要求。我国的特殊教师培训机构还较少且培训质量不高，特殊教育毕业生短缺是视障音乐教育和特殊学校教育师资薄弱的主要原因，设有特殊教育专业的大学数量不多，直接导致了师资力量的匮乏。

由于特殊学校里专业的音乐教师短缺，只能由其他教师暂时代替，这些教师有的是普通学校音乐学的毕业生，有的甚至是其他专业的毕业生，并没有经过专门的特殊教育的学习，导致他们对专业知识的掌握不够，缺乏对特殊音乐教育理论的了解，并不能给视障儿童提供良好的音乐教育。同时，他们对视障儿童音乐教育的重要性认识不足，认为视障儿童的音乐教育与普通儿童一样，就是简单地唱唱歌、听听音乐，课堂教学十分随意，教学手段也十分呆板，缺乏创新，导致视障儿童学习兴趣不高，音乐课堂沉闷。更突出的问题是，他们不懂得如何与视障儿童进行沟通交流，缺乏耐心或带着同情的心态进行教学，严重影响教学质量。

**（四）音乐治疗理论和实践水平有待提升**

特殊学校的音乐教师往往对音乐治疗都有所了解，但对如何把握音乐治疗的核心思想、音乐治疗对视障儿童的意义及如何将音乐治疗应用在课堂中却知之甚少。由于音乐治疗在我国尚且属于新兴学科，人们对其关注度并不高，因此，在视障儿童音乐教育的开展中，对音乐治疗的具体应用，还具有一定的难度。

在中西部欠发达地区的特殊教育领域，还缺乏对音乐教育的理念及知识，所以，要求每一位从事视障音乐教育的教师都掌握音乐治疗是不现实的。但视障儿童音乐教师一定要加强自身素养，及时了解国内外先进的音乐疗法并运用到实践中，在理论与实践相结合的过程中，找出自身的不足并不断完善，创新教育方法，推动视障儿童音乐教育事业的发展。

## 二、视障儿童音乐教育发展策略

**（一）增加对视障儿童音乐教育的资金投入**

教育的发展要靠资金的推动，只有保证教育资金充足，才能构建完善的教育教学体系，所以，仍需要加大对特殊学校、特殊教育的投资，建立完善的师资体系，在保证教学质量的同时，加快视障儿童音乐教育的发展速度。只有拥有足够的资金支持，特殊学校才能配备有助于特殊儿童发展的硬件设施，同时提升软件实力，给特殊儿童创造更好的教育环境。

（二）加强对视障儿童音乐教育的规范和指导

在视障儿童的音乐教育中，音乐课的教学应该注重分层次教学，最基本也是最底层的目标是让视障儿童能够不在意自己的缺陷，注重生活中的美好，重拾信心。很多视障儿童音乐教师缺乏明确的分层意识，甚至把视障儿童的音乐教育等同于一般儿童的音乐教育。

视障儿童音乐教师在教学中首先要考虑的问题就是如何根据视障儿童身心发展的个性区别，在缺陷补偿、行为矫正中因材施教，为不同视障儿童量身设定可以达到的目标。而完成这项工作的基础是视障儿童音乐教师对视障儿童的认知能力和个体差异的充分了解。

普通教育有专门的教学大纲和课程标准来指导教学，但特殊音乐教育却缺少这样的标准来指导教学。因此，视障儿童音乐教师在教学过程中，只能参照普通教学大纲和课程标准来进行教学，在实践中不断探索，凭借自身经验和知识在摸索中前进，寻找适合视障儿童的教学方法。在这种情况下，我国视障儿童的音乐教育必然是发展缓慢的，要改变当前这种现状，就必须尽快制定一套适合特殊教育发展的纲领性文件，以此对特殊教育进行指导。同时，要与国际接轨，借鉴国外的经验，结合本国国情，制订适合本国视障儿童的教学大纲。

（三）加强特殊教育学校的音乐师资力量

加强特殊教育学校的音乐师资力量，可以让高等师范教育学校与特殊教育学校产生联系，在开展大学生就业指导课时，向大学生介绍特殊教育学校的情况，鼓励他们毕业后从事特殊教育工作；也可以在高校开设视障儿童音乐教育专业，让大学生到特殊学校去实习，同时还可以让优秀的、有经验的视障儿童音乐教师为他们介绍相关经验，增强他们对成为一名视障儿童音乐教师的信心。如果特殊教育学校能与高等院校建立稳定的联系，就能接收普通高等院校的毕业生为视障儿童音乐教师，同时也可以向高等院校输送有志成为特殊学校教师的生源，这样既解决了大学生毕业就业难的问题，也有利于加强特殊教育学校的师资力量。

**（四）探索视障儿童音乐教育方法的科学创新**

1. 科学地选择教材

（1）模仿大自然的各种声音

模仿是教学中的重要一环，模仿的意义在于对现实世界进行模拟，可以达到释放天性的效果。通过模仿大自然的各种声音，学生可以把自己想象成对应的物体，如模仿鸟鸣，学生可以把自己想象成一只鸟，在天空中自由自在地飞翔。模仿大自然的声音以想象对应的画面，是音乐艺术特有的功能，它能激发模仿者的想象力，感受这些环境或画面。

（2）渲染情绪与氛围

音乐所具有的另一项特殊功能是通过声音的变化象征性地描绘某些情境，渲染特定的氛围。听障儿童与普通儿童相比，其优势在于他们不会被既定的情景所限制，正是因为他们目不能视，才可以自由地发挥想象力，把自己置身想象的情境中，在自己所渲染的情绪与气氛中，与作曲家建立一种无形的联系。这种联系只能依靠聆听者的感受去完成，即聆听者对某种情绪、气氛的感受和对某种时间形象的感受是一致的。同时，还必须借助非音乐因素的提示，使所象征的对象限制在某个具体范围内。

（3）音响的万千变化能营造出万千景象

音乐家塑造的音响色彩与绘画艺术中的颜色有着千丝万缕的联系，并且他们致力于在音响中营造一种与色彩对应的关系。事实上，"音响色彩"只是一系列对听觉产生刺激的声音的组合，音乐家想要营造的音响色彩不是实在存在的颜色，而是希望通过音响表达出来的内容能给聆听者营造一种光怪陆离的环境氛围，从而使他们产生对颜色的联想，达到音乐家想让他们感知的特定的内容。德彪西曾经说过，我们期望的音乐，必须温柔、顺和到足以令我们自己适应那些发自内心的、无拘无束的情感和梦幻的寄托与表达。

音乐教师要想选出适合视障儿童学习的音乐，首先，自己要做到多听、多感受，辨别哪些是适合视障儿童学习的音乐，只有自己真正感受到音乐的魅力，才能将其内涵更好地传达给学生；其次，教师要善于剖析作品，善于挖掘作品内在的、深层次的意义，并能把它用最简洁、最明了的话表达出来，让视障儿童能够理解并展开想象。聆听者在音响中并不能直观感受音乐所勾勒的画面和形象，需要调动自己的想象力才能实现，然而视障儿童由于缺乏直观的感性经验，需要通过教师对作品的剖析和简明的话语的引导，才能在脑海中形成一幅美轮美奂的画卷。

2. 视障儿童音乐教师必须掌握盲文

视障儿童使用的音乐教材是普通儿童音乐教材的盲文版，因此，视障儿童音乐教师必须掌握一定的盲文才可以进行系统教学。如果视障儿童音乐教师不会盲文，在进行教学时，视障儿童就只能依靠听觉和记忆力来进行学习，只凭这两种方式来学习，会严重影响教学效果，也不利于视障儿童的记忆和再创造，使课程进度减慢。如果教师掌握一定的盲文，就可以在教学中用盲文与视障儿童进行沟通和交流，及时了解他们的想法和感受，帮助他们掌握更多的知识，视障儿童也可以根据自己的理解去记忆，而不是只能通过教师的讲解学习音乐。

同时，为视障儿童服务的音乐教师还要及时更新自己的知识，与时俱进，积极探索和关注有利于视障儿童发展的最新成果，如近几年兴起的盲用计算机系统。视障儿童音乐教师应该主动学习并借助这一系统，将自身的知识传授给视障儿童，教师念乐谱，儿童把乐谱输入电脑，然后用可以打出点字符号的列表机将乐谱打印出来，方便视障儿童随时练习和复习。

3. 融入心理健康教育

特殊学校健康教育的总目标为提高特殊儿童的心理素质，补偿心理缺陷，充分开发他们的潜能，培养特殊儿童积极乐观的心理素质，促进其人格健康、全面地发展。与普通儿童的教育不同，视障儿童的教育更加注重心理方面的教育，他们常常会因为自身的缺陷而陷入自卑与迷茫中，这就需要教师在平时上课时，依据自己课程的特点，潜移默化地对学生进行心理健康教育，而不只是在心理课上对他们进行心理健康教育，视障儿童音乐教师同时也要具备这项基本素质，使视障儿童健康、自信地成长。

### 4. 加强教师在教学中的情感表达与传递

首先，教师要善于理解并引导视障儿童体会情感化的音乐语言。音乐中情感的传达主要依靠视障儿童音乐教师在唱歌或乐器教学中情感的表达。因此，教师在上课前要认真备课，深刻理解音乐作品中的内涵，再传递给学生，让他们在第一次接触到音乐时就能被音乐深深地吸引，并能准确感知音乐想要表达的情感和内容。

其次，教师要探索并运用科学的、能恰当表达情感的课堂语言。由于视障儿童具有视觉上的缺陷，在进行学习时，其接收信息最主要的方式就是听觉，因此，视障儿童音乐教师在进行教学时，要组织好自己的语言，用简单易懂的语言将音乐内容传达给学生，让他们在音乐学习中获得自信。

最后，教师要对视障儿童心怀爱心。教学的过程是一个双向情感交流的过程，教师在教学中，要对视障儿童多一些耐心和细心，对待视障儿童要像对待普通儿童一样，一视同仁，给予他们关爱与支持，这既能激发视障儿童的学习兴趣，也能使他们获得丰富的情感认知，增强其想象力与记忆力，同时让他们变得自信、自强、自爱，成为有责任感的人。

### （五）普及音乐治疗的理念

与特殊儿童音乐教育相结合，最适用的音乐疗法是德国音乐家卡尔·奥尔夫创造的奥尔夫教学法。这种教学法不仅在儿童早期音乐教育中得到普遍应用，同时也被广泛运用到音乐治疗中。奥尔夫教学法看上去简单易学，其实对儿童身心的发展具有不可忽视的作用，也是我国视障儿童音乐课堂教学改革的突破口。

奥尔夫音乐疗法的特殊之处在于其强调视障儿童的音乐教学要将唱、动、奏三者结合，强调教学手段的灵活性，不过分注重音乐技巧的强化训练，十分适合视障儿童的音乐教学。因此，要注重给视障儿童音乐教师及时普及音乐疗法的教学理念，让他们在音乐教学中找到适宜的教学方法，提高教学质量。

# 第七章 听障儿童的特殊音乐教育

# 第一节　听障儿童的融合教育

## 一、融合教育的基本模式

### （一）半日模式融合

半日融合模式是指听障儿童利用上午的时间在康复训练机构进行康复训练，利用下午的时间到学校接受系统的课程培训教育，也就是接受康复训练机构与学校的共同教育，即融合教学。这种融合模式适用于即将进入幼儿园的听障儿童。融合教育模式对于听障儿童而言具有不可比拟的重要意义，调查显示，接受半日融合模式的听障儿童康复效果比较好，在接受训练期间，他们的语言能力、沟通能力、协调能力及生活自理能力等提高速度较快，在幼儿园上课时，也能主动与别人进行交流，并且能做到与他人交流顺畅。在条件允许的情况下，康复教师还可以去幼儿园听课，以便通过观察他们上课时的状态、情绪等分析他们的情况，掌握他们在幼儿园的第一手资料，实现机构康复训练与幼儿园教育的无缝衔接。

### （二）定期融合模式

定期融合模式以康复机构为主导，具体来说是，每周利用1—2个上午或下午，组织听障儿童到联谊幼儿园进行训练。参加定期融合的听障儿童需要具备以下条件：一是做好融合教育前的准备，能够尽快适应幼儿园的陌生环境，减少陌生感，使自己尽快融入集体；二是与幼儿园中班以上年龄相符，并且具有一定的执行力，有生活自理能力，能够完成指令性语言或动作。实施定期融合模式，需要康复机构对幼儿园的班级、课程、活动安排等有详细的了解，并且要根据当天的课程内容，把听障儿童分为几个小组，让他们尽快融入幼儿园的教育活动。康复教师要及时与普通幼儿园的教师进行沟通，介入幼儿园的融合教学，还要在课程中紧密配合幼儿园的工作，多观察听障儿童在融合过程中的行为，对听障儿童的表现情况及时记录，并定期进行小结。

### (三)全日制融合模式

全日制融合模式适用于已经完成康复机构的听力语言训练课程,并通过了康复评估后进入普通幼儿园、普通小学学习的听障儿童。对这类儿童而言,康复机构要及时进行跟踪了解,通过定期预约到康复机构进行恢复训练,查看儿童的基本情况,具体问题具体分析,及时有效地对儿童进行康复训练。同时,还可以安排兼职教师到学校或家庭进行回访,了解儿童近期的听力语言情况,给予适当指导,促进他们更好地发展。还可以定期派专业人员到普通幼儿园、普通小学进行座谈,了解听障儿童的心理健康情况和语言恢复情况,以便他们能更好地与他人进行沟通协作。

## 二、康复机构在融合教育中的主要任务

### (一)培养听障儿童良好的听觉和语言能力

在听觉方面,康复机构的主要任务是培养听障儿童良好的倾听意识,使他们尽量具备良好的听觉能力,能在与人交往的过程中进行简单的语言交流。因此,康复机构在平时训练时,要注重训练听障儿童在噪声中的信息接收能力,培养跨听能力,为其进入普通幼儿园进行融合教育后,在嘈杂的环境中获得良好的听取能力做铺垫。

在语言方面,要培养听障儿童借助语言环境等其他信息进行日常交流、交往的能力,使他们具备一定的语言沟通能力。在康复机构或者日常生活中,教师和家长要多为儿童创造语言练习的机会,如带儿童去人多的地方进行演讲或讲故事,通过他人的鼓励和肯定使自己获得信心;家里有客人来访时,让其在旁聆听,适当的时候可以让他们发表自己的见解或回答问题;多带儿童参加一些社会活动,增加他们与人交往、交流的机会,鼓励儿童大胆发声,增强自信心。

### (二)培养听障儿童良好的性格

性格的培养对一个人来说是至关重要的,这关系到他对待事情的看法和态度,还关系到他以怎样的心态面对未知的事物。良好的性格有助于听障儿童能较好地适应学校的教学模式,更好地融入普通幼儿园或普通小学的日常生活

中去，如与同伴共同完成集体任务或角色扮演，独立搭建积木等。良好的性格并不是一朝一夕就能养成的，需要康复机构的教师和家长共同培养，教师和家长要注意为儿童做出表率，在日常生活中潜移默化地影响儿童，在点滴中对儿童进行教育和引导。

### （三）使听障儿童提前适应普通教育

康复机构在对听障儿童进行教育时，要注意让学生对普通幼儿园、普通小学有一定程度的认识，对校园环境进行初步了解，为日后入校学习做好准备。同时，家长也可以在日常生活中让儿童多接触幼儿园里的学生，经常带儿童到幼儿园附近，熟悉幼儿园的外部环境，同时，还可以通过多种渠道加强学习，如图片、小视频等，为入园做好准备。

### （四）增强听障儿童有效沟通的能力

与幼儿园的教师和同学进行有效沟通，是听障儿童进入社会的第一步，康复机构要与幼儿园的教师进行良好的交接工作。让幼儿园教师熟悉儿童的日常习惯，了解听障儿童的生理、心理特点和与他们进行沟通交流的方式，幼儿园教师还需要了解听障儿童一般的康复知识，如助听设备的重要性、如何保养和清洁助听器等。同时，康复教师要把儿童的目前情况详细地告诉幼儿园教师，依据他们的特点进行座位安排或同桌的选择。

## 三、听障儿童融合教育存在的问题

### （一）教育观念落后

一些学校甚至是听障儿童的家长对听障儿童进入普通学校上学信心不足，认为他们不能像普通儿童一样生活或者学习，害怕他们在学校遭到歧视，认为听障儿童更应该在聋人学校进行学习。部分学校认为，融合教育给教学师资和管理成本带来了很大负担，并且给学校管理带来很多难题，他们认为融合教育会对其他学生产生不良影响，因此，对融合教育心存疑虑。

### （二）管理方式落后

有的教育机构没有把融合教育作为一个整体融入教育系统，导致管理体制不完善、管理方式落后。在我国，听障儿童的融合教育体系尚未完善，部分地区对融合教育的理念和意义没有深刻的了解。同时，融合教育教师（巡回指导教师、资源教师、任课教师）的评价等问题尚未得到合理妥善的解决，导致融合教育的师资力量薄弱，这也直接导致了普通学校的教育环境不能完全适应听障儿童的生活和发展。

### （三）支持保障不足

我国很多普通幼儿园、普通小学都对融合教育持观望态度，甚至少部分学校对融合教育并不了解。普通学校的融合教师师资力量薄弱，并且很大一部分教师并没有进行过专门的、系统的融合教育学习，特殊学校的资源中心作用尚未完全发挥。部分普通学校虽然开设了融合教育课程，但是由于融合教育所需要的康复、辅具、无障碍等设施与服务难以配套，导致教学活动开展并不顺利。同时，听障儿童的教学目标、教材、教学方法、教学评价等与普通儿童差异较大，又没有专门的、明确的教学目标，也导致了教学活动开展的难度较大。

### （四）听障儿童难以快速适应普通学校的教学

听障儿童由于自身的缺陷，在刚进入普通学校学习时，难免会觉得自己与他人格格不入，难以适应普通幼儿园和普通小学的教学方式、教学环境等，从而导致低落情绪的产生。普通幼儿园和普通小学的教学模式和交往环境在一定程度上影响了听障儿童融入其中的积极性，同时也使担任融合教育的学校和教师产生畏难情绪。

## 四、深化融合教育的对策

### （一）耐心等待儿童适应新环境

听障儿童在融合的各个阶段，可能会表现出不同的情绪，如在融合初期，听觉环境、学习模式、日常作息的变化，都会引起听障儿童的焦虑与不安，这种焦虑与不安的产生，往往是因为他们在新的环境中缺乏安全感。在融合初期，儿童需要一段时间对新环境进行适应，在这一阶段，他们可能表现出内向害羞、不爱与人交流、不哭不闹、不听教师指示、不愿完成任务、反应迟钝、不与其他小朋友交流等问题。此时，教师应该多对听障儿童进行鼓励，并及时与融合班级的教师进行沟通，尽可能多地了解听障儿童的脾气心性，在上课时，要根据他们的特点，有针对性地开展教学活动，循循善诱，帮助他们建立自信心，耐心等待其适应新环境，自主、自愿地融入集体。教师在教学过程中，还要密切地注意听障儿童的一举一动，多观察、多分析，及时了解他们的心理变化情况，以便及时发现问题并加以解决，达到融合教育的最终目的。

### （二）让儿童逐步适应班级的声学环境

由于普通幼儿园、普通小学的教室并没有经过专门的降噪处理，教室的环境往往比较嘈杂，不利于听障儿童对声音的获取。尽管在安排座位时，教师已经将听障儿童安排在靠前的、比较靠近教师的中间位置，但是在上课过程中，教师的位置不是一成不变的，而是不停地移动的。所以，为了最大限度地降低或者减少教室里的噪声，给听障儿童营造一个良好的学习环境，学校和融合班级教师可以对教室进行重新布置，比如更换绒质窗帘、装置天棚吸音板、布置墙壁软装饰等，以此来降低噪声对听障儿童的干扰。

### （三）对普通幼儿教师普及康复专业知识

融合教学是以幼儿园教师的教育为主的，尽管他们具备非常丰富的学前教育知识和经验，但他们对听障儿童的特点等知之甚少。为了更好地促进教学发展，应对幼儿教师进行专业的康复知识培训，让他们严格按照听障儿童的日常教学步骤进行。在教学前，参与融合教育的康复教师要对听障儿童的听辅设备进行检查和讲解，在教学中，要对听障儿童多一些关心和注意，及时了解他们在上课过程中遇到的困难及原因，并与融合班级教师交换意见。

### （四）及时辅导，帮助听障儿童巩固融合教育成果

教学环境、教学模式、教师的语速和授课方式的改变都会影响听障儿童对于课程内容的理解和掌握。因此，参与融合的康复教师要在课堂上多观察听障儿童的学习状态和知识的掌握情况等，并准确做好记录，多与家长和融合班级教师进行沟通交流，让家长了解儿童的情况，及时辅导儿童的薄弱知识点；教师也要针对康复教师反馈的情况做好调整，对难懂的知识点反复讲解，及时巩固，在融合教学中做必要的巩固和强化。

### （五）帮助听障儿童扩充知识，有针对性地提升相关能力

在融合教育的过程中，听障儿童可能会逐渐表现出在某些方面的能力欠缺，如同样的话不能用多种语言表述出来、词汇量贫乏等。针对这些情况，教师可以在进行主题内容融合教学时，对听障儿童进行专门训练，帮助他们积累词汇量，多加练习，学会举一反三，还可以让听障儿童每天阅读绘本故事，与家庭的不同成员打电话，鼓励他们多看、多读、多说，增长见识，拓宽视野；还可以鼓励听障儿童与其他小朋友一起参加户外活动、兴趣班等，结交新朋友，与健听、健谈的小朋友多交流。

### （六）关注听障儿童心理发展，促进听障儿童健康成长

与普通儿童一样，听障儿童在成长过程中也会出现一系列逆反心理，如厌学、不爱说话等。除此之外，听障儿童相较于普通儿童而言，还易出现敏感多疑、烦躁易怒等情绪。教师除了在学校时要密切观察，给予听障儿童更多的耐心、信心，还要将情况及时反馈给家长，指导家长在日常生活中多注意这类情况的发生并及时引导。教师和家长要共同努力，在对听障儿童的教育过程中，密切注意他们的心理变化，在他们出现心理问题的初期就及时干预，确保听障儿童也能够健康成长。

### （七）定期跟踪服务，加强线上线下交流

康复机构教师要与融合幼儿园的教师、听障儿童家长建立微信交流群。融合教学结束后，康复机构教师、幼儿园教师和听障儿童家长应在群内进行交流沟通，就听障儿童在学习中遇到的问题、与人沟通交往的情况、心理上发生的变化或是日常生活中发生的有趣的事进行交流，以便家长和教师都能对听障儿童进行全方位的了解。家长与教师之间的沟通，能够使他们对儿童的情况有一个系统、全面的了解，在出现问题时，可以集三方的智慧于一体，共同寻找解决的办法，针对儿童出现的具体问题，采取有针对性的指导与教育，促进听障儿童更好地发展。

## 第二节　听障儿童的律动教育

### 一、律动教学

#### （一）律动的概述

所谓"律动"，是指人们在听到某些有节奏感的音乐时，身体跟随节奏有规律地舞动。律动教学对听障儿童意义重大，听障儿童通过律动的学习，能让自己的肢体更加协调，并能学会用不同的方式表达自己，也能在音乐的律动中使自己身心愉悦。

这里所谓的律动并不是通常所说的舞蹈课，但进行律动课教学的目的就是让听障儿童舞起来。与其他教育相比，律动教育更加直观、形象、生动，是促进听障儿童全面提高的必要途径，深受听障儿童的喜爱，是实施特殊儿童音乐教育的必要手段。

#### （二）律动教育的作用与意义

1. 律动教育在听障儿童音乐教育中占据重要地位

听障儿童由于生理缺陷，对声音的敏感度不高，这在一定程度上限制了他们的模仿、自控、表达和对韵律的感受、欣赏能力。而通过律动的教育，听障儿童在教学过程中能够跟随教师的思维、动作等，全面开发自己的潜能，发挥自己的优势，从而弥补生理和心理上的缺陷。律动教育有助于听障儿童在舞动中尽情地表达自己，释放自己的天性，有助于提升他们的幸福感。

2. 律动教育有助于满足听障儿童的审美需求

审美是每个人都要进行的一项活动，对于听障儿童而言，他们对音乐的审美需要可以依靠律动来获得。在进行律动课教学时，听障儿童可以用眼睛来读音乐，用身体来感受音乐，并通过肢体动作来表达音乐，用艺术的方式与他人交流，从而获得精神上的满足，达到内心审美的需要。总而言之，律动教育在对听障儿童的审美教育方面具有重要意义，它能够使听障儿童的精神得到升华，在艺术学习的道路上充满快乐。

## 二、律动课有效教学的方式

### （一）激发学生学习律动的兴趣

培养听障儿童对律动课的兴趣，是进行律动教学的首要任务。在进行律动教学时，每一堂课的内容都要从学生的实际情况和心理出发，不能让学生感觉教师教授的内容过于困难，这会导致学生出现厌学心理，要让他们觉得学习律动是一件很开心的事情，并期待律动课。每个儿童身心发展或快或慢，都不尽相同，教师在教学时不能因为某个儿童学习较慢或肢体不协调就选择忽视，而是应该把动作一个个分解，使动作简单化，这样容易引起学生学习的兴趣，让他们积极参与到课堂教学活动中来。

### （二）运用多种手段和方法进行教学

1. 节奏训练

在进行律动教学时，教师要使学生明白节奏的重要性并能准确把握节奏。教师要先让听障儿童理解节奏的含义，可以选择出示图例，讲解八拍的方式，在指导学生理解节奏的含义后，可以选择在学生身上打节奏的方式，让学生更好地理解节奏的意义，还可以让学生采用脚踏地板的方式，通过地板的震动来感知节奏，或让他们看教师的口型，根据教师的指挥手势综合把握节奏。

2. 语言训练

在律动课教学过程中，尽管大多数的教学内容都是舞蹈、体操等肢体动作，但语言也同样重要。从训练基本功到舞蹈，需要做的动作的名称要依次出现在演示文稿（PPT）中，或是以卡片的形式展示给学生。在进行低年级的舞蹈教学时，还要在卡片或是PPT上标注拼音，并带领学生拼读，培养他们的语言能力，如在地面压腿时，要注意提醒学生绷脚，此时，教师就可以使用PPT或小卡片带领学生拼读，同时发展学生的语言能力与肢体协调能力，也有助于学生对语言进行对号入座。

3. 情感训练

听障儿童接收信息的主要来源是视觉，因此，在教学过程中，模仿是一门必不可少的课程。要培养学生的表现力，首先，教师动作必须准确无误，其次，要加以情感的表现，模仿并不一定是照搬照抄，而是要将所模仿事物的精髓展现出来，这样，学生才能感受到动作的力度，感知生命的无限活力。在律动课教学中，很重要的一点是释放天性，比如模仿小动物时，教师可以展示小动物的图片或是播放一小段小动物的视频，让学生进行模仿，刚开始时，学生可能会放不开手脚，只模仿几个固定的动作，此时就需要教师加以引导，让学生动起来。对于高年级的学生，教师可以让他们自己编几个八拍的动作，把自己的动作和节奏结合起来，这样既能发挥听障儿童的想象力和创造力，又能提高学生学习的积极性，不失为情感表达的一种有趣的方式。

### （三）注重培养学生的创造力和想象力

学生的创造力和想象力在律动教学中是十分重要的，在传统的教学中，大多数是教师负责教、学生负责学，这样的教学方式过于死板，教师被教材的内容所累，学生学起来也觉得枯燥无味，这在很大程度上限制了学生的创造力和想象力的发展。对此，可以采用转换师生角色的教学方法，教师给予学生充分的空间，让他们成为教师，自己组织教学内容来教其他学生，在教学过程中，教师充当旁观者，只在遇到问题时给予适当的指导，并在教学结束后，让学生对这位"小教师"进行评价，这一方面可以让学生体会到学习的乐趣，另一方面也有助于培养学生的创造力和想象力。

## 三、律动校本课程的设置与开发

### （一）选择适合听障儿童的素材

首先，素材要适用于听障儿童。素材的内容要贴近生活，适合听障儿童表演，能激发听障儿童的学习兴趣。

其次，音乐节奏感要强。听障儿童的生理发展不同，有些儿童是完全听不到声音，有些儿童能听到一点声音。对此，要尽量选择节奏感强的音乐，节奏感强的音乐会给听障儿童带来更加令人震撼的感受，使他们更容易体会音乐的旋律，从而能随着音乐舞动。

最后，要选择贴近生活的素材。贴近生活的素材有助于学生更好地感知生活，他们可以自由地展开想象，这样既能巩固歌曲的内容，又能使学生感知大自然的魅力，同时增强他们的编创意识和能力。

## （二）运用新型教学模式

1. 鼓励学生自学，注重培养其观察力

在教学过程中，学生是课堂的主体，教师是课堂的引导者，教师在主导课堂的过程中，不能忽视作为主体的学生。教师可以找一段舞蹈视频，在多媒体上播放，让学生跟着视频学习，在这个过程中，视频上的舞者向左转，学生就得向右转，视频上的舞者伸左手，学生就得伸右手。这就需要学生具有敏捷的反应能力和精准的判断力，在学习过程中，学生的观察能力也会得到很大的提升。

2. 定期开展艺术活动

学生如果只沉浸在自己的世界里，是看不出自己的缺点和优点的。教师要经常带领学生走出校门，参加或观看其他艺术表演，拓宽他们的视野。同时，校内也可以经常开展艺术活动，以班级为单位进行比赛，这样有助于激发学生的竞赛精神和竞争意识，也能让他们在比赛中发现自己与他人的差距，从而明确努力的方向，提高自己的艺术修养。

3. 发挥教师特长

在校本课程开发的过程中，要根据教师的优势设置课程。如教师擅长民族舞，就在课程设置中多添加一些民族舞的元素；教师擅长形体，则可以多开设一些基本功的课程。

## （三）开设高年级律动教学

律动课教学是听障儿童一至三年级必须开设的课程，因此，有些学校的学生，一到上了四年级，就没有了律动课。律动课的教学是从小开始的，儿童的身体更加具有柔软性和可塑性，因为每个儿童的身心发展速度不同，有些儿童到了三年级才能较好地熟悉身体的律动，但他们才刚刚找到律动课的乐趣，这门课程就结束了，这相当于终止了听障儿童的音乐之路，因为听障儿童接受音乐训练的唯一课程就是律动课。同时，参加省、市级舞蹈比赛的大多是初、高中生，让学生从四年级开始接触不到舞蹈，就等于剥夺了他们初、高中时期参加舞蹈比赛的资格。因为一个舞者，如果三年都没有跳过舞或是参加过训练，再想开始跳舞是非常困难的。因此，学校要增加高年级的律动课教学，让他们的身体时刻保持在活跃的状态，这样也能使他们的生活更加丰富多彩。

### 四、促进听障儿童律动教育发展的策略

#### （一）转变观念，提高重视力度

教育主管部门和学校要转变传统的教育观念，重视听障儿童律动教育，使各部门紧密配合，促进听障儿童律动教学。首先，要完善教材，让教师有一个明确的教学方向和教学目标；其次，要鼓励教师实行多种教学方法，寻找适合不同年龄段、不同阶段的学生的教学方式；再次，建立具有竞争机制的律动教育师资体系，给予教师充分的保障，建立奖励机制，激发教师的干劲，提升教学质量；最后，加大律动教育的资金投入力度，增加律动教室硬件设备的投入，并且充分关心特殊教育师生的生活，加大媒体宣传力度，提高社会的关注度。如《千手观音》，就是由21名听障演员表演的，并登上了2005年春节联欢晚会的舞台，通过表演，他们充分展示了自己，建立信心，也让更多人了解、关心其生活，关注其日后的发展，并为他们提供力所能及的帮助。

#### （二）建立地区培养机制，加强特殊音乐教育师资专业化

全国设立特殊教育专业的本科院校已有20所，包括乐山师范学院、北京师范大学、华南师范大学等，从地理位置上来看，这些院校在南方居多，在北方的较少，这就造成了地区发展不均衡、人才失衡的现象，这在一定程度上影响了我国特殊教育的发展。要想改变这一现状，就要增加在北方地区的院校设立特殊教育专业的数量，加强特殊教育师资的培养，留住人才，确保国家特殊教育力量均衡发展。特殊教育学校可以定期聘请专业的舞蹈人士，提高教师的专业技能，还可以让教师定期参加培训，拓宽教育眼界，为特殊音乐教育事业提供高素质的人才。

#### （三）开展校内外艺术活动，注重交流学习

近年来，荷花杯舞蹈比赛、全国电视大赛、全国中小学艺术展演等活动都在有序进行着，但关于残疾人的比赛只有全国残疾人文艺汇演和特殊教育学

校艺术会演，比起普通中小学的活动少之又少。虽然普通中小学的文艺会演，残疾儿童也可以参加，但这类活动对于他们来说局限性过大，不利于其水平的发挥。因此，相关部门应该多举办关于残疾儿童的活动，让他们也有较多的展现自我风采的舞台，给特殊儿童一个展现自己的机会，挖掘他们的潜能，促进他们更好地发展。在开展各项活动时，应该注意的是，不能让特殊儿童表演完节目就认为他们完成了任务，而是应该引导他们多观看其他儿童的表演，学习其他人的长处，最好能在活动结束后，给他们一个与其他参赛者面对面交流的机会，甚至可以交换彼此的联系方式，促进学习和交往，扩大自己的交际圈，明确今后的努力方向。

## 第三节　音乐治疗与听障儿童康复

### 一、音乐治疗的概念

音乐治疗学是一门新兴的集音乐、心理学、物理学、美学及康复学于一体的综合性应用学科，是音乐与人文精神和生命科学相融合的新发展。对于音乐治疗的概念，国内外的学者提出了不同的看法和见解。国外的学者普遍认为，音乐治疗是一个过程，在这个过程中，有其自己的系统干预方法，音乐治疗师的治疗手段主要是通过欣赏多种不同类型、不同风格的音乐，或者在治疗中发展起来的作为治疗的动力的治疗关系，来帮助治疗对象达到康复的目的。对于音乐治疗的定义，我国学术界普遍认为，音乐治疗的目的是消除心理障碍，恢复或增进身心健康；音乐治疗的理论基础是运用音乐特有的心理、生理效应，让患者积极主动地参与音乐治疗师的治疗；音乐治疗的意义是让听障儿童能像普通儿童一样，感知生活中存在的一切美丽的事物，增强听障儿童的审美体验。

### 二、音乐治疗应用于听障儿童的可行性

关于听障儿童能否真正欣赏音乐这个问题，有许多人做了研究。事实

上，除少部分听力完全丧失的儿童外，大部分听障儿童都有一定的残余听力，尤其是轻度听障儿童，只要使用助听设备，就可以听到外界的声音，自然可以欣赏音乐，而余下的一小部分听障儿童，就需要运用音乐治疗的方法来实现。音乐治疗可以帮助听障儿童建立自信心，让他们与普通儿童一样拥有欣赏音乐的权力，并能协助他们提高与人交往的能力，帮助他们加深对世界的认识。

经研究发现，听障人士在植入人工耳蜗后，第一次聆听音乐时，便能跟随音乐的节奏舞动自己的身体，即使是在没有规律的音乐节奏中，也能随意自如地舞动，这说明听障人士即使听力受损，在外界的帮助下，依旧拥有感知音乐、享受音乐的能力，这是人们长期以来所忽视的。通过对听障儿童接受音乐治疗课程的研究发现，音乐治疗对听障儿童的心理、行为和语言均有积极的影响，接受音乐治疗的听障儿童明显比未接受治疗的听障儿童性格活泼，并且拥有主动学习、与人交往的愿望。听障儿童感知音乐与其情绪联系紧密，说明听障儿童可以通过音乐欣赏、感知演奏者或作者的情绪，也可以通过音调、音色及节奏表达自我的情绪，他们与普通儿童一样，能感知并发现音乐的美，能与作者感同身受。我国学者韩宝强调查发现，后天失聪者在听到音乐时，能对音乐做出感知，并对节奏强烈的音乐做出反应；一部分失聪者在失聪后依旧可以对之前听到过的音乐进行感知，他们能通过光色变化或者手语感知节奏。喜欢音乐的人在失聪后也能对音乐准确辨识，这与听觉被节奏较强的音乐刺激有关。

## 三、音乐治疗在听障儿童中的应用

### （一）以律动教学为主的音乐教育法

达尔克罗兹教学法是律动音乐教学法的代表，它与基本音乐课大致相同，但这种教学方法不以讲授为主，而是听音乐，并用动作表现音乐。体态律动、视唱练耳和即兴音乐活动三部分共同组成达尔克罗兹教学法，其特色是体态律动教学。在我国全日制特殊学校中，听障儿童的律动教育是一至三年级的必修课。律动课通过教师有规律、有节奏地舞蹈，使学生感知音乐的内容、旋律等，教师在进行律动教学时要注意，由于听障儿童不能直接听到声音，只能通过眼睛获取信息，因此在跳舞时，要将音乐中的高低、快慢通过肢体语言精确地表达出来，这对增强听障儿童的气息、发音、节奏感、姿势控制及自信心具有非常显著的作用。程婷婷在对听障儿童律动教学的实践中发现，利用律动课对高、低年级分层教学，可提高学生的学习兴趣和记忆知识的能力。米洁在律动课的个案探究中发现，音乐教师指导听障儿童表演歌曲能激发学生的创新能力，增强学生的词语理解能力。陈硕在探究音乐训练对听障儿童康复作用的调查中发现，经过专门的音乐训练，听障儿童可以学会唱歌和演奏乐器，其听力也能够得到一定程度的康复。

### （二）以游戏法为基础的音乐教学法

柯达伊音乐教学法是以游戏教学法为基础的教育方式，它主要是以歌唱的方式进行教学，并将动作、游戏、表演、即兴创作等形式结合起来，给儿童创造获得全面、丰富、综合的审美体验和表达表现的机会。运用做游戏的方式对听障儿童进行康复训练，比其他方式更能吸引听障儿童的注意力，能得到较好的教学效果。站在听障儿童的角度，游戏教学的方式更加生动活泼，能使康复和语言矫治更丰富有趣，得到的效果自然显著。卢嘉倩在听障儿童的音乐教学中发现，运用柯达伊手势与音乐节奏结合、口型辅助训练，能够提高听障儿童的学习兴趣，使他们对生活充满信心，更好地面对和融入社会。

### （三）可视音乐教学法

可视音乐教学法是基于传统音乐治疗，结合数字信号处理技术和声控动画技术，将视觉系统与听觉系统有机结合的新型干预方法。可视音乐教学法是通过选择合适的音乐素材，利用现实或虚拟的画面（包括自然风光、素描、镜像及动画等）及灯光（包括冷色调、暖色调等）给听障儿童营造一种温馨、舒适、安静的环境，听障儿童对色彩、光亮的敏感度高于普通儿童，在多重感官的刺激下，可以提高听障儿童在音调、响度、语句时长控制等方面的语言能力，同时起到唤醒、激励、抚慰、宣泄情感的心理治疗作用。因此，可视音乐教学法对听障儿童的音乐教育具有重要意义。

## 四、音乐治疗在听障儿童康复中存在的问题及对策

随着音乐治疗的普及，音乐治疗在特殊儿童教育中的应用也越来越广泛，但还是在智障儿童、孤独症儿童、脑瘫儿童的教育中应用较多，而在听障儿童音乐教育中的应用还较少。音乐治疗简单、易行、生动活泼、寓教于乐的特点，很适合听障儿童的音乐教育，对听障儿童的语言表达能力、与他人交流的能力都有很大的促进作用。临床实践证明，随着治疗次数的增加，音乐治疗对听障儿童的康复具有积极意义。

### （一）音乐治疗在听障儿童康复中存在的问题

音乐治疗在听障儿童康复中的应用还存在很多问题，从教学方式上来说，大多数教师依旧采用传统的教学方式进行教学，即教师在前面讲，学生在下面学，这种教学方式对于听障儿童来说是极为不可取的，再加上音乐治疗需要建立在音乐的基础上进行教学，这种教学方式不利于他们注意力的集中，会使他们感觉学习没有乐趣，不能取得较好的成效。从教学内容上来说，音乐治疗过于侧重儿歌的教学，没有选取形式多样的、适合听障儿童身心发展规律的音乐，从而导致听障儿童的音乐创造力不强。尽管大部分听障儿童音乐治疗教师都毕业于音乐教育专业，但由于他们没有接受过系统、专业的听障儿童教育的学习，不少教师对律动、奥尔夫音乐教学法知之甚少，缺乏先进的教育理念。同时，有许多教师对大型乐器，如钢琴等掌握较好，而对小型乐器、敲击乐的掌握较差，不能满足听障儿童的音乐审美需要。

### （二）音乐治疗在听障儿童康复中的发展对策

首先，教师要加强教学形式和种类的多样化。教师要在给听障儿童上课前备好课，选择适合听障儿童的音乐类型，采用多样化的教学方式给学生授课，吸引他们的注意力，让他们建立自主学习的意识，感受学习的乐趣，学会学习并爱上学习。其次，教师要避免教学内容单一化，丰富教学内容。教学的内容不能只是单纯的儿歌，而要丰富多样，内容要积极向上，使听障儿童在学习的过程中身心愉悦。再次，要制订规范化的职业准入机制。教师自身的素质和专业化水平直接影响教学质量，因此，促进音乐治疗在听障儿童康复中的发

展，提高听障儿童的教学质量，需要从教师入手，建立严格的教师考试制度，完善音乐治疗的人才培养计划，提高教师的教学水平。最后，培养真正有资质的音乐治疗教师。真正有资质的、接受过专门培训的音乐治疗教师，能够运用多样化的教学手段对听障儿童进行教学，有利于提高听障儿童的记忆力、创造力、语言表达能力、执行力、理解力等，有利于儿童改善自身的焦虑、自卑状态，进而得到更好的康复。

# 第八章　孤独症儿童的特殊音乐教育

# 第一节　孤独症儿童的行为分析

## 一、孤独症儿童的概念

孤独症是一种广泛性的发展障碍，大多发病于婴幼儿时期，主要分为儿童期孤独症患者和成人期孤独症患者，本节所指的孤独症儿童是音乐临界期内（即12周岁之内）的儿童。他们通常有以下行为障碍：

### （一）社会交往障碍

婴儿自出生起便对周围的环境如声音、光等有一定的反应，他们的视线会随着玩具的移动而移动，会被突然的叫声吓哭，会被强烈的光线晃得睁不开眼，会在父母呼唤名字时"咿呀"作答，见到熟人会张开双臂索抱等。而孤独症儿童则缺少这一系列的反应，他们往往目光呆滞、反应迟钝，对突发事件和声音表现得很淡定。当和其他宝宝一起玩耍时，他们往往沉迷于自己的世界，自动屏蔽他人，玩自己的玩具、自说自话，对周围的环境和人漠不关心，他们往往面无表情，很少会表露自己的情绪，不像其他儿童一样会大哭大笑，眼睛常常长时间地固定在同一件物品上，很少正视他人，对于他人的行为和表情也很难理解，很少会有反馈，因此无法与他人进行正常的交流。

### （二）语言发育障碍

语言是人与人之间进行情感交流的重要工具，一般儿童往往会通过语言复述自己新学的知识，表达自己的需求和喜好，但孤独症儿童的语言发育障碍十分突出，他们不但无法理解他人的语言，更不会运用语言与他人进行交流。他们有的会时不时地发出一些别人完全听不懂的声音或者词语，有的会复述别人说的一些简短的话，有的则完全没有语言能力，他们仿佛和其他人处在两个世界，互不打扰。但从生理结构看，孤独症儿童的发音器官无器质性的损伤，也就是说，通过后期的训练是可以帮助他们恢复一部分语言能力的。

### （三）兴趣范围狭窄以及刻板、僵硬的行为方式

孤独症儿童的行为往往比较呆板、固执，他们经常长时间地专注于某一

件事物、玩同一件玩具，比如日复一日地搭建同一个形状的积木，他们追求单调的玩法，拒绝任何变化。

所以，他们经常待在房间的同一个角落，摆弄地上的玩具，当父母喊他们吃饭时，喊了很久都不见他们有反应，直到父母拿掉他们手上的玩具，从地上把他们拉起来，他们才会顺从地跟着父母来到餐桌旁，一切的动作都很机械化，但这都是他们的真实写照。

## 二、孤独症儿童的生理、心理及行为特征

### （一）生理发育

3岁前正是儿童智力、语言能力和性格形成的关键时期，而孤独症儿童的发病期是在3岁之前，这时候正是儿童身体和脑发育最快的时期。在这个关键时期，如果因为儿童先天发音不清而造成语言功能障碍，就会影响孤独症儿童与教师和同龄儿童之间的正常沟通，影响其对学习的感知能力，影响其正常的学习和社会交往，就会使孤独症儿童一步步跌入自闭的深渊无法自拔，无论是对其身体还是心理都是一种极大的损害。

所以，在这个时期抓住儿童的发展特点，要对孤独症儿童进行先天性损伤障碍克服训练，防止其在成长过程中的二次身心发育障碍诱发智能、沟通、认知、人格等更多的问题。

### （二）心智发育

对于学龄前儿童来说，他们语言表达能力还比较弱，对自己内心的情感还没法完全表现出来，特别是一些心智上的异常和轻微的感知异常往往因发展缓慢而不易被发现。就像一些孤独症儿童，他们的身心发展与普通儿童没什么区别，甚至会流利地说出一些逻辑严密的专业术语，家长可能会误以为他们是普通儿童，甚至是高智商的儿童，而忽视了他们不喜欢与其他小朋友一起玩耍，只喜欢自己待着，玩着单一的玩具，甚至有时候会莫名地发脾气，或者对某些事情比较偏执。直到他们到了上学的年龄，却特别抗拒上学，抗拒任何集体活动，甚至抗拒与其他同龄人接触和交流，对任何奖惩都表示漠不关心，当刚学会数数或者背诗时，也不像其他儿童一样急于表现自己、争着向家长背诵

要奖励，此时其身上的异常才会被发现。孤独症儿童的心智发展水平参差不齐，像有重度智力障碍的儿童，他们可能什么都不懂，看到人就只会笑，生活完全不能自理；还有些超高智力的"天才儿童"，他们虽然也是孤独症患者，但是他们在某些领域却是"天才"，比如在画画领域，他们对绘画有自己的理解和感悟，画出来的画往往最能震撼人心、发人深思。但不管这些重度智力障碍儿童和超高智力的"天才儿童"有多大的区别，他们始终有一些共同的特点，在动作发展、语言沟通、感知觉、社会人格等方面存在一定的规律性。

1. 动作发展

动作发展是连续渐进的，发展过程往往是叠加往复的，所以对于其具体的、个别的发展是难以区分甚至无法区分的。动作的发展方向是由上而下的，发展程度与个体的成熟和锻炼程度相关，而动作的成熟是从整体和局部区分的，是从粗动作到精细动作的发展。

（1）粗动作

对于大多数孤独症儿童而言，他们往往粗动作发展良好，如挥舞手臂、跑、跳、攀爬等，这些较大的动作比较简单易学。相对于智力障碍儿童，孤独症儿童表现出来的动作能力令人惊讶，他们可以毫不费力地爬上沙发、爬上桌子、爬上书柜、爬上屋顶，由于他们的运动能力远远超过了他们对潜在危险的评估能力，可以说毫无危险意识，因此当他们爬上比较高的地方时，经常会做一些危险的动作，如趴在书柜上头朝下翻书、单手吊在树上、在沙发的边缘上直立行走等。因此，看护者应该密切注视孤独症儿童的动向，防止他们做出危险的动作伤害到自己。

（2）精细动作

孤独症儿童的动作也是在不断发展的，但是由于其大脑损伤等诸多问题，其普遍存在局部精细不足、空间知觉不良、手眼协调能力差等问题，使得他们不像普通儿童那样较容易地学习动作。对于孤独症儿童来说，粗动作可能学起来比较容易，但是精细动作学起来却是比较难，如穿衣、系鞋带、用筷子夹菜、刷牙等，生活一般难以自理。因此，对于孤独症儿童的精细动作训练非常重要，要从生活出发，结合生活实际提高他们的自理能力。

## 2. 语言沟通

语言是儿童心智发育的一个重要标志，也是儿童能够与他人进行交流、表达自己情绪和态度的前提。但是儿童的心智发育水平不同，对语言的掌握和运用程度也不同，语言也是观察儿童孤独倾向的重要标准。一般来说，儿童的语言发展能力具有一定的规律性，比如：2个月大的婴儿会发出一些简单的声音，如哭声和笑声等；5—6个月大时会用大人听不懂的声音同外界交流，如"咿咿呀呀"等；7—8个月时发出的声音会有一定的情绪，主要表现为音调有轻有重；1岁—1岁半时开始说些有意义的词，如爸、妈等，也会手脚并用玩一些球、车类的玩具；等等。而孤独症儿童与这些正常发育规律相比较，其初期的发育程度可能略低于正常儿童，并不会有太大的区别。但需要注意的是，儿童的发展水平不一样，有的儿童说话早，有的儿童说话晚，这要看儿童的整体发育情况。一般来说，7岁前说话不太流利仍算正常，所以家长应该时刻注意儿童的发育情况，以免忽略儿童行为或语言方面的异常。

## 3. 感知觉

孤独症儿童的感知觉能力通常未受很大的损伤，其异常主要反映在听觉、视觉和疼痛能力的感觉等方面，主要表现为反应迟钝或过强，有的儿童还会用一种不寻常的方式运用自己的感官等。例如，他们有时对声音毫无反应，经常自己一个人在角落里摆弄玩具或者发呆，对于外界的声音似乎漠不关心，甚至是父母的呼唤，他们也不做任何反应，但是一些普通人认为很正常的声音，像汽车鸣笛的声音、烧水的声音等，他们的反应却会格外强烈，他们会皱眉、跺脚、大声吼叫等，表现得很烦躁。

孤独症儿童的视觉辨别能力较差，他们用眼的方式也很特别，当注视一件物品时，他们习惯运用边缘视觉从眼角往外看，而非中心视觉；有的孤独症儿童会花很长时间沿着视角外沿定位物体，对物体的大小、颜色或位置等特征视而不见，所以他们所看的往往是物体的边缘，不是物体的中心。当有强光直接照射到眼睛时，普通儿童一般都会比较敏感，会反射性地闭上眼睛或者用手、衣袖等遮住眼睛，但是孤独症儿童却不会，他们对强光往往反应比较迟钝，有时甚至会直视强光不眨眼，但在正常光线下却频频眨眼、皱眉。

孤独症儿童对疼痛的感觉比较迟钝，敏感性较弱，普通儿童在注射还没开始时就会号啕大哭，但孤独症儿童对此却毫无反应，甚至当他们摔倒流血不止时，都很少会有反应。此外，他们还会做出一些危险甚至伤害自己的行为，而对于这种行为的危害性却浑然不知。也有些孤独症儿童会以特别的方式运用自己的感官，如有些孤独症儿童在参观航天展的时候会用鼻子去嗅每一件物体等。

### 三、孤独症儿童的学习特点

#### （一）学习动机不足

孤独症儿童就像生活在与我们平行的另一个时空，他们过分地专注于某些事物或某些行为，耗费了大量的时间和精力，而对于外界的声音和关注，他们毫无反应、漠不关心，他们只喜欢做自己的事情，对于其他事情或者是别人想让他们做的事情，他们都不予理睬。所以，当他们对教师所讲的内容不感兴趣时，便会沉溺于自己的世界，自动屏蔽外界的声音。因此，孤独症儿童缺乏参与课堂活动的兴趣，学习动机不足，处于被动学习的状态。

#### （二）注意力容易分散

孤独症儿童注意力容易分散、难以集中，所以他们很难认真坐下来听教师讲课。他们对于感觉刺激（如视觉、听觉）很敏感，导致他们会对某些不重要的东西太过关注却错过有意义的事物，所以在课堂上，他们往往会对教师所讲的内容进行筛选，自己感兴趣的就听，而不感兴趣的便会自动屏蔽，转向干其他的事情。因此，孤独症儿童在课堂中的小动作会比较多，而且是旁若无人地玩耍，他们对于上课开小差这件事情的后果没有明确的认知。同时，信息量过大也会使他们产生焦虑感，甚至做一些具有破坏性的事情来舒缓内心的烦躁。

当孤独症儿童沉溺于自己的世界时，他们会忽视外界的信息，只专注于自己的事情，但他们又很难集中注意力。在他们面对大量的外界刺激或信息时，特别是在众多的信息中分析哪些是需要注意或者是忽略的时，往往很难做出抉择，所以他们经常会因周围事物的影响而停止手中的任务。

### （三）具象思维和机械记忆

孤独症儿童的认知、语言理解能力比较薄弱，他们往往局限于具体的事物，而对抽象的概念难以理解，他们只追求于事物的表面，对事物背后的成因，或者是词语的多重含义则很难理解，也不会去深究。他们缺乏对事物的想象能力、创造力和随机应变的能力，他们只能注意到事物的本来面貌，即真实的样子，而对于事物的本质或者是变化，他们很难捕捉到。所以他们对于别人的幽默或者是表情，往往表现得不明所以或者是直接忽视，很难从生活经验中将有关的事物有效地联系起来。

在记忆方面，孤独症儿童的记忆通常比较刻板，他们的语言记忆和意义记忆较差，信息回忆联想能力较弱，机械记忆能力较好，这些都是他们学习新知识的障碍。

### （四）存在视觉学习优势

在韦氏智力测验中，有学者指出，孤独症者视觉空间建构的能力很独特，所以他们在积木拼图和物品排列方面有明显的优势，但他们的词汇和社会推理能力较弱。所以引导孤独症儿童利用自己的优势，通过视觉信息的提示进行学习，有利于他们学习能力和学习效率的提升。

### （五）知识技能迁移能力薄弱

知识技能迁移能力是指个体在某个情境中学到的知识、技能和技巧等能够应用到其他相应情境的能力。孤独症儿童联想能力较弱，缺乏灵活运用和创造的能力，对于事物之间的联系通常很难理解，所以也很难将学到的知识应用于实际当中，很难把知识与生活联系起来。他们通常在学习新知识时接受得比较容易，但当在实际生活情境中需要使用这些知识或技能时，他们会表现得手足无措，有时可能需要重新学习，在学习和生活实践中很难做到将知识融会贯通。

## 第二节　孤独症儿童协调能力发展机制

### 一、孤独症儿童的行为表现

孤独症儿童大多在社交、语言及智力发育等方面存在障碍。具体来说，主要有四方面的障碍：社会交流、语言发展、行为刻板（重复）、智力发育。在这四方面中，最典型的是社会交流障碍。孤独症儿童从来到这个世界，就与普通儿童不同，他们习惯将自己完全封闭在自己的世界里，拒绝与外界进行交流，无论是陌生人还是自己的亲人。他们不理解别人的表情和意图，不懂如何表达自己的感情，更不懂与他人交流的技巧，他们喜欢自己一个人，拒绝与他人的身体接触和目光交流。

孤独症儿童不与他人交流的原因除了他们总是沉浸在自己的世界，不懂与他人交流，更重要的是他们的语言发展障碍。语言发展障碍是孤独症儿童最为明显的特征之一，大多数孤独症儿童到3岁左右仍然不会开口说话，发不出任何声音，虽然有一小部分孤独症儿童具有一定的语言能力，但是这些"语言"无法为外人理解，他们的"语言"或许只是一种声音，或许是一个没有任何语言环境的简单的词，他们不会提出自己的疑问，也不能回答别人的问题，只是机械地重复着同样的音节，没有任何的实质性意义。孤独症儿童的这种重复刻板的行为，还表现在他们固定的生活模式上，如每次吃饭要坐同样的位置、好几天玩同样的玩具等，长时间专注于某一件物品或某一动作。而且更为主要的，他们活在自己的"世界"里，拒绝外来人的参与和打扰，在很多时候，他们还经常做一些无目的的、简单的动作或行为，如奔跑、爬高、拍手、咬手指、咬嘴唇等。

同时，大多数孤独症儿童智力发育也比较落后，虽然有部分孤独症儿童的智力发育接近同龄普通儿童，但是与同龄的普通儿童相比，大部分孤独症儿童的智力发育要迟缓一些，直接导致他们的学习能力较低、反应比较迟钝。

有关学者曾经做过调查，根据调查结果显示，孤独症患者的社交、语言方面的障碍，以及过于封闭自我，导致他们在生理和心理方面出现一定的发展退化现象，社会存在感也逐渐消退，会做出一些常人无法理解的行为，比如自我伤害与伤害他人，还会出现情绪异常、破坏东西等状况。针对这些情况进行系统的分析，可以对孤独症儿童的行为特征做出相应的干预对策，在其异常行为出现的早期就进行合理的防范、干预，以取得较好的治疗效果。

### 二、孤独症儿童的运动能力

孤独症儿童的运动能力是由感觉统合能力所决定的，感觉统合是指大脑将各种感觉器官传来的感觉信息进行多次分析、综合处理，并做出正确的应答，使个体在外界环境的刺激中和谐有效地运作。孤独症儿童普遍存在不同程度的感觉统合失调，表现为身体运动协调障碍、平衡功能障碍、结构和空间知觉障碍等多个方面。总体而言，孤独症儿童肢体运动行为能力具有以下特征：

第一，孤独症儿童存在动作异常现象。大部分孤独症儿童常常会表现出这样或那样异常的举动，如有的孤独症儿童的眼睛存在动作异常，他们的眼球可能会突然斜视，较长时间地注视着某一处；有的孤独症儿童的头部存在动作异常，他们会不停地摇摆头部或者点头；有的孤独症儿童的身体存在动作异常，他们会偶尔前后晃动自己的身体，并不厌其烦地重复着同一个动作；还有的孤独症儿童的手部存在动作异常，他们会不停地搓手或者摆弄一件玩具很长时间，具有很强的重复性和刻板性。

第二，孤独症儿童的肌肉张力、肌肉伸展方面存在困难。有的孤独症儿童四肢动作异常，生活中他们的动作看起来比较笨拙，而且很不协调；也有的孤独症儿童四肢动作看上去很灵活，如经常爬上书柜、桌椅、沙发靠背等，他们的运动能力没有什么异常，但他们的肌肉张力、肌肉伸展方面等都有一定的困难，如反应比较迟钝、肢体动作比较迟缓等。

第三，孤独症儿童的精细动作往往较差。孤独症儿童相对于普通儿童而言，他们的肢体协调能力要相对落后，一般情况下，孤独症儿童在运动方面比普通儿童发育慢。在粗动作技能方面，孤独症儿童进行运动类项目比同龄正常儿童落后6个月左右，如跑步、跳跃等。而在精细动作方面，则落后的时间相对要长,要落后近一年,尤其是手部精细动作方面,具体表现为基本操作能力落后,比如:有的孤独症儿童不能用手抓物品或者抓握有困难;有的孤独症儿童不能一页一页地翻书,或者很难精准地找出某页;有的孤独症儿童握笔写、画能力差,通常会用手心握笔,即以手握拳的姿势拿笔简单地画一些线条;有的孤独症儿童习惯用左手,左手的运动能力要比右手好点,能做出简单的握笔、写、画动作;还有的孤独症儿童工具使用能力差,通常不能使用剪刀、格尺等工具。

第四,孤独症儿童的手眼协调能力通常较差。一部分孤独症儿童的手眼协调能力较差,通常表现为无法正确地调整手的位置或者伸出的长度,如很难接住对面抛过来的皮球、很难将纸投入垃圾桶、很难将水倒入水杯等。

### 三、孤独症儿童协调能力的培养

孤独症儿童的运动协调能力和同龄儿童相比水平较低,但是随着年龄的不断增长,再加上后期的训练,他们的协调能力会有所提高。但是如果受到一些不良生活习惯的影响,或不重视后期训练,一些不良动作和刻板性动作就会延续,难以有效地改善。

通常来说,孤独症儿童对运动存在着较浓厚的兴趣,应多鼓励他们参加各种有安全保护措施的体育活动,让他们多运用自己的肢体做一些动作,有效地提高孤独症儿童的动作协调能力。在这一阶段,孤独症儿童的动作控制能力相对于精细动作和整体协调能力更加容易改善,生态型运动干预更能促进孤独症儿童动作控制能力的提高。

针对上述情况,学校及相关机构应尽快开展孤独症儿童协调能力培养研究,尤其是运动干预方面,了解其发病机制及其带来的负面影响,引起广大家长的重视,同时进行运动干预研究。学校和家长应该共同合作,激发孤独症儿童的运动兴趣,鼓励他们多运用肢体做一些动作,例如,在特殊音乐教育课堂上,教师可通过一些简单的舞蹈动作,引导儿童学用肢体去表达一些情感,或者教他们一些小动物的典型动作,让他们在听到动物的名字时,能够自然而然地用动作表现出来。同时,家长在日常生活中也应多多鼓励儿童动起来,不要让他们总是静静地沉浸在自己的世界里，例如，可以在一间屋里的地上铺满由各种小动物的头像拼接起来的地垫，家长跟儿童一起跪趴在地垫上，当家长每说出一个小动物的名字时，就引导儿童对号入座，手脚并用地爬到相应小动物的方格上，或者是播放一首歌曲，当听到小动物的名字时，跑到对应小动物的方格上，并做出这个小动物的典型动作。这样不仅可以让孤独症儿童参与运动，提升他们的肢体协调能力，还能帮助他们提高注意力和语言能力。对于孤独症儿童的动作干预应该具有针对性，根据日常的观察，了解他们的性格特点和行为特征，选取较小的、相似的动作进行多次引导干预，以更好地改善和提高孤独症儿童的动作协调能力。

## 第三节　孤独症儿童音乐教育策略

### 一、音乐在孤独症儿童教育中的作用

#### （一）弥补孤独症儿童的认知缺陷

音乐教育在一定程度上具有治疗的效果，一些音乐教育实践可以有效地引导孤独症儿童进行相关的行为活动，比如一些优美的旋律、舒缓的节奏，可以有效刺激孤独症儿童的大脑神经，舒缓他们紧张、暴躁的情绪，加快脑细胞的新陈代谢，促进大脑成熟，从而有效改善孤独症儿童的生理障碍，促进他们认知能力的提高。

前面曾提到过，孤独症儿童最显著的认知缺陷通常包括语言障碍和知觉障碍，音乐综合了多种指导方法，不仅从视觉方面进行刺激，还凭着其优美的曲调和极富节奏感的律动，最大限度地吸引孤独症儿童的注意力，让他们对音乐感兴趣甚至是喜欢上音乐。孤独症儿童语言能力较弱、学习语言的能力较差，但音乐是一种特殊的语言，能让他们在充满音调的音乐中，领悟语言的魅力，在快乐中学习。

此外，音乐教育还有两大特殊活动，即音乐律动和感知觉统合训练。统合训练从感觉和知觉两个方面来进行，主要是针对孤独症儿童对音乐的感触而

进行的训练。如给他们播放不同曲风、不同曲调的音乐，让他们随着音乐的律动，跟着节奏，用肢体自由做各种动作，也可以同学之间相互模仿等，这样便能有效地弥补他们认知能力的缺陷，并提升他们的专注力和对音乐的感知能力。

### （二）提高孤独症儿童的学习能力

孤独症儿童的智力和学习能力方面的缺陷是他们学习的主要障碍，他们对于外界的信息只能接收一部分，即自己感兴趣的那一部分，而对于不感兴趣的那部分，他们则完全排斥，同时对一些比较抽象的概念难以理解，缺乏想象力和创造力。所以语文、数学等概念性、理解性比较强的科目很难引起他们的兴趣，其学习效果也会很不理想。音乐相对来说更直观、更形象、更容易理解，授课方式多种多样，学生能在玩乐中轻松地学习相关知识，所以比较能吸引他们的注意力，同时音乐可以刺激孤独症儿童的感官和神经系统，从而帮助他们集中注意力、强化记忆，在音乐课堂中穿插舞蹈和乐器教学，不仅能丰富其学习内容，不同的教学方式和教学内容更有助于提高其学习能力。

### （三）有效改善孤独症儿童的社会性缺损

孤独症儿童因为智力和语言能力较弱，在与他人的沟通方面存在着一定的障碍，他们通常不理解别人的话，自己内心的情感也不知道如何表达，长此以往，便与外界形成了一道坚不可摧的屏障，不利于他们的社会交往。音乐教育可以引导儿童自由表达情感和情绪，引导他们去感知他人，从而提高自身适应社会的能力。乐器演奏教学可以为孤独症儿童提供自由表达情绪的空间，他们可以通过打击乐器发泄内心的烦躁和焦虑，从而保证心理的健康，同时还可以通过乐器表达自己无法言说的情感和态度，这也是他们与外界沟通的一种方式，能够有效减少他们与外界的隔阂，提高他们同外界交流的频率。

同时，在音乐教学过程中，多举办一些集体活动，如大合唱、集体表演舞蹈、用各种乐器共同演绎同一首歌等，促进孤独症儿童之间的交流，提高他们的团结协作能力，从而为他们与外界沟通提供足够的勇气，有利于他们的健康发展、改善其社会性缺损。

### （四）丰富孤独症儿童的生活

孤独症儿童的世界是单色调的，他们能涉足的领域非常有限，所以他们大部分时间都将自己锁在自己的世界里，由于恐惧和表达能力有限，他们对接触外面的世界和新鲜的事物充满了抵触，而音乐作为一种不分国界、不分种族、不分语言的艺术形式，更易被孤独症儿童所接受。同时，音乐教学形式的多样化、所涉及领域的宽泛性，也能使孤独症儿童看到不一样的世界、体验到不一样的生活方式，从而大大地扩展他们的心智范围。

孤独症儿童在对音乐、舞蹈或乐器的学习有了一定的基础或成就后，他们的自信感会得到一定的提升，也会多一些同外界接触的勇气，从而使他们的生活更加丰富，他们的人生价值得以实现。

### （五）有利于培养孤独症儿童的肢体协调能力

肢体动作能够刺激儿童的大脑给出反应，从而提高他们的反应能力和认知能力。一般情况下，孤独症儿童都比较安静，他们会长时间地坐在同一个地方摆弄同样的玩具，不会过度地思考，肢体也长时间得不到运动，这对他们的身心发展都会产生不良的影响。

音乐课堂中涉及的音乐游戏或者舞蹈，如音乐教师用乐器敲打出的音乐节奏，可以时缓时急，让孤独症儿童根据节奏做相应的动作，或者选取节奏感鲜明的音乐编一些简单的动作教给他们，让他们动起来，从而刺激他们的各个感官，达到提高其肢体协调能力的目的。

## 二、孤独症儿童音乐教育的实践策略

### （一）学校音乐教育

1. 课程设置的专业性

（1）教具、场地的专业化需求

音乐教学是需要根据课程内容进行细分的，如钢琴课要在钢琴教室里上，舞蹈课需要在舞蹈教室上，舞蹈教室需要配置柔软的地板来保护儿童，防止过激的动作或者学生之间不经意的磕磕绊绊造成损伤。

（2）教学内容的专业性划分

孤独症儿童注意力集中时间较短，教学内容不宜过于复杂。所以音乐教师在备课时，应充分了解孤独症儿童的学习特征，应避免一堂课有太多的教学内容，或者是多种教学方式齐头并进，而应该采用单一的课程形式，以防过度的变化使他们跟不上教学进度而产生烦躁的情绪和自卑的心理。

（3）音乐教辅人员配置专业化

由于孤独症儿童的特殊性，所以音乐辅导人员配置需要专业化，他们不但要有专业的乐理知识和卓越的乐器演奏能力，还要非常了解孤独症儿童的特征，能够为其制订适合的教学内容和教学形式，同时还要有足够的爱心和耐心，只有这样才能使孤独症儿童适应学习环境，并且乐于学习。

2. 课程设置的多样性

孤独症儿童普遍存在沟通障碍，多样的课程设置可以从多方面提高孤独症儿童各个器官的发展，下面就主要介绍几种常用的课程：

（1）游戏课

孤独症儿童生理发育正常，肢体健全，在做游戏方面没有太大影响，基本可以自由地运用和控制身体的各个部位。因此，音乐教师在设计音乐游戏时，可以充分利用孤独症儿童特殊的重复行为模式，设计简单的、具有重复性的动作，使其活动肢体的同时增强动作记忆。

（2）音乐欣赏课

孤独症儿童虽然有某些方面的缺陷，但是作为补偿发育，他们的听觉系统是比较敏锐的，所以开设音乐欣赏课有利于引导他们感受音乐的魅力，提高他们的想象力。

（3）舞蹈课

孤独症儿童的语言表达能力有一定障碍，所以教师可以用舞蹈教学的方式让他们表达自己的情感。通常情况下，孤独症儿童对于指令性语言难以理解，所以教师在舞蹈教学中应多采用以身言教的方式，耐心地示范舞蹈动作，让学生模仿，以达到教学的目的。

（4）打击乐课

打击乐是孤独症儿童感受节奏、发展听觉和音乐感知能力的最佳途径。比如，鼓的节奏点很明确，有利于孤独症儿童掌握音乐的律动，通过自己双手敲打出旋律更能让他们体会音乐的魅力，并提高其认知能力。

3.教学方法的多样性

（1）奥尔夫音乐教学法

奥尔夫音乐教学法强调一种天然的音乐教育，人们都是音乐的参与者，而不是简单的聆听者。在一种自然的状态下，以一种轻松、有趣的方式进行教学和学习，能让孤独症儿童的多种感官同时开放，得到最大限度的发展。

在奥尔夫音乐教学法的指导下，教师可将学生带入一种特定的音乐情境，如欣赏有关大自然的音乐时，带学生去户外，使其全身心地沉浸在大自然中，仔细聆听大自然的声音、欣赏大自然的颜色、嗅大自然的味道，在学生投入的时候，播放音乐，这样他们便会对音乐中的情感有深刻的理解和感悟。同时，教师还可以循环播放音乐，并根据歌词编一些形象而简单的动作，比如，当歌曲唱到小燕子时，就做一个燕子展翅飞的动作，当唱到小花猫时，就做一个小猫抹嘴的动作等，这不但可以让孤独症儿童理解一些固定词语的意思，增加词汇量，还会调动他们的多种感官，提高他们的反应能力和肢体协调能力。

（2）共情音乐教学法及设计

共情音乐教学法是指音乐教师或治疗师一边播放孤独症儿童喜欢的音乐或节奏，一边感受他们的精神世界，并对孤独症儿童表达出来自内心深处的理解，通过音乐或感知拉近与孤独症儿童的心理距离。

在对孤独症儿童进行共情音乐教育时，应根据孤独症儿童语言交流困难这一特点，以音乐为介质，触发他们的情绪反应。可以从家长那里了解儿童喜欢什么音乐或者是乐器，然后以此为中介，为孤独症儿童的情绪表达或宣泄做好铺垫，为与孤独症儿童进行心灵交流做好准备。同时，音乐教师可以配合语言引导，帮助儿童发挥想象力，共同感受音乐。

乐器教学也是一个能让孤独症儿童表达情绪的途径。对于乐器，教师可以选择孤独症儿童专业乐器海洋鼓，刚开始儿童可能会使劲地拍打鼓面，发出一些嘈杂的声音，甚至是持续地疯狂拍打，像是对情绪的宣泄，这时候教师应该给他们一些时间，让他们好好宣泄之后再慢慢地对其进行指导，教师可以富有节奏感地慢慢地拍击鼓面，以此吸引他们的注意力，使他们产生模仿心理，也能够跟着节奏慢慢拍击，这时候教师也可以用语言进行指导，或者对其进行夸奖，舒缓其情绪，从而使其进入另一种情境中。

（3）音乐的等级脱敏法与情景剧结合

音乐等级脱敏法是帮助孤独症儿童消除恐惧心理、建立自信、明确人生方向的好方法。而情景剧则是通过对音乐的想象和理解而设计的音乐情境，可以用来宣泄情绪和情感。

音乐的等级脱敏法与情景剧教学的结合，可以通过以下步骤实施：

第一，将孤独症儿童按初、中、高三个层次建立焦虑、敏感或创伤的音乐等级，并根据其特点设计情景剧内容。

第二，情景剧内容要单一，避免复杂或者频繁的变化，要能使孤独症儿童在音乐中得到放松。可以借助音乐安全岛技术暗示孤独症儿童音乐教育活动的始终。

第三，要求孤独症儿童在放松的情况下，按上述等级进行脱敏。此过程选择的音乐需有一个固定的节奏或音乐类型作为刺激物，且每次情境练习中的刺激物应逐渐增加。

（4）离散音乐教学法

离散音乐教学法是指把一首完整的音乐分为若干部分，可以是乐句、乐节、单音等，从简到繁，使学生逐步掌握。

无论采用哪种音乐教学方法，教师都要根据孤独症儿童的自身特点和学习接受能力，不断调整教学方式，使教学方法多样化且灵活多变，适合孤独症儿童的身心发展。

**（二）家庭音乐教育**

1. 良好的家庭音乐教育环境

相对于普通儿童来说，孤独症儿童更需要爱、需要家庭的关怀和呵护，所以孤独症儿童的父母需要用更多的时间和耐心去陪伴、教育他们。同时，在教育过程中，家长应营造一种轻松、舒服的教学环境，让孤独症儿童在绝对放松的环境下学习音乐、感悟音乐。在家庭教育中，家长作为儿童的教师、父母和游戏玩伴，应该根据儿童的特点选择音乐的内容、时间、地点和形式等，并时刻寻找机会，将音乐教学融入生活中，将其分解至生活的方方面面，使孤独症儿童对音乐的感悟更深刻。另外，有条件的家庭，可以购买儿童感兴趣的乐器，或者在家播放舒缓的音乐，营造一种浓郁的音乐氛围，让音乐真正地融入生活，成为其生活的一部分。

2.家庭音乐教育内容

（1）语言训练的继续

第一，节奏与语言的学习。孤独症儿童与普通儿童相比，其语言能力比较薄弱，所以每当孤独症患儿无意识地发出单调的音调或单字时，家长都应该给出积极的回应，鼓励他们发音。同时，家长可以以节拍为单位，以不同的音调进行回答，有意识地引导他们建立应答意识。

最初教的可以是一些简单的、日常所听所见的声音，如"啊""爸"等。家长可以引导儿童看着家长的口型，打着节拍，可以一字一拍，也可以两字一拍，让儿童在节拍的带动下学习发音。

第二，儿歌的学习。通过学习儿歌，孤独症儿童能更好地以一种更容易接受的态度学习语言。所以家长在家庭教育中，应对孤独症儿童以播放儿歌、教唱儿歌的方式进行教学，从而提高其语言能力。在儿歌教学过程中，可以采取与歌曲同步的图画与语言结合的方式，边做动作边和儿童一起唱。

（2）专注力训练的继续

孤独症儿童在专注力方面存在两种情况：一是缺乏专注力，二是对细节过分专注。大部分的孤独症儿童都喜欢音乐，而对感兴趣的课程或活动，他们总能表现出更多的耐心和专注力。

第一，对于缺乏专注力的孤独症儿童，在家庭教育中专注力训练不是每时每刻都可以进行的，要在孤独症儿童的最佳接受时间进行。乐器的学习对提高孤独症儿童的专注力有很大的帮助，可以在其不想学习的时候鼓励他们再坚持5分钟；而对于条件不允许的家庭则可以采取玩游戏的方法提高孤独症儿童的专注力，如陪儿童一起玩一个游戏或者以玩游戏的方式让其静止5分钟，当儿童做到时，应给予其鼓励，一个拥抱或者一个奖励。

第二，对于一些对细节过分关注的孤独症儿童，在专注力训练中应增加旋律有细微变化的曲子。比如在音乐教学过程中，可以采用旋律有变化的歌曲，孤独症患儿往往对熟悉的旋律比较敏感，而陌生的旋律会让他们不自觉地回避，所以多听或者多练习旋律有变化的曲子，可以不断地刺激他们的感官，系列歌曲的学习可以使这种变化加深，从而提高他们的专注力。

（3）社会交往训练

第一，简单的应答训练。家长在教孤独症儿童应答时，可以采取图片与声音相结合的方法。例如，教孤独症儿童学习各种动物时，可以配合动物的图片与动物的声音，将这些动物编成顺口溜，如"小狗小狗，汪汪汪。""小猫小猫，喵喵喵。"等，并在字的下面画线，示意是儿童需要应答的部分，以此不断地练习。

第二，动机诱发。当孤独症儿童在做喜欢的音乐游戏或者听自己喜欢的音乐时，家长可在其兴致最高的时候停止，直到儿童主动要求再继续；如果儿童没有动静，可以暗示或者提示儿童继续，并积极鼓励。

3. 家长应具备的素质

（1）良好的心态

有孤独症儿童的家庭是不幸的，他们不但要承受来自社会、经济等多方面的压力，还会因担心被别人瞧不起而隐瞒实情，不让儿童出去玩，或者因心疼儿童而对其过分宠爱，这些对孤独症儿童来说都是不健康的成长方式。所以，孤独症儿童的家长更需要有超乎其他家庭家长的勇气，要始终以一种"平和"心态对待儿童、教育儿童。相比于普通儿童，孤独症儿童学习能力较弱，所以需要家长有更多的耐心和爱心，在教育儿童的过程中，要怀着满满的爱，不要被他们的"不进取"气得发脾气，甚至责骂他们，而要耐心地教导他们，并给予其更多的鼓励和奖励，要制订合理的教育计划，每完成一个小目标，家长和孩子都会增加一分自信和前行的勇气。同时，还要与其他孤独症儿童的家长多交流教学方法和教学心得，与家庭成员达成合作共识，以乐观的态度感染儿童，给予儿童尊重和关爱。

（2）共同学习的决心

孤独症儿童的家长来自各行各业，他们中的很多人都不具备音乐方面的知识，通常把音乐看得太过神秘，以为只有专业的音乐教师才能对孩子进行音乐教育。其实，音乐的教学内容非常广泛，小到一句歌曲的演唱，大到音乐智能的培养，家长只要多学些音乐方面的常识、多听取学校教师的意见，完全可以掌握简单的音乐教学方法。同时，音乐源于生活，生活中处处是音乐，而在生活中与儿童在一起时间最长的就是家长，所以家长对孤独症儿童的音乐教育起着重要的作用。家长要始终保持与其共同学习的决心，在家庭教学过程中先其一步学习音乐方面的知识，与其共同进步。

（3）擦亮发现潜能的眼睛

每天与孤独症儿童相处时间最长的就是家长，而作为他们一对一的"教师"，家长应该在日常的教学过程中发现他们身上的一些闪光点，激发他们的潜能，也可以通过不同的音乐活动、乐器的学习，发现他们的兴趣，从而以此为刺激物，使他们的兴趣变成特长。同时，家长应该不断补充自己的文化、心理、教育等方面的知识，了解儿童的一些心理活动，对儿童一些反应做出及时的应对，为他们的提问提供一个满意的答复，从而满足儿童的求知欲，提高他们的学习和理解能力。

**（三）社会音乐教育**

孤独症儿童的社会音乐教育主要是指在除学校和家庭外的青少年宫、文化馆、琴行、各种音乐培训机构等举行的培训班中，以授课、比赛等形式对孤独症儿童进行的有关音乐方面的教育。

但是，我国孤独症儿童社会音乐教育由于其高昂的学费、教学场地的限制、家长的不信任等因素，还未得到充分的发展。

1. 社会音乐教育内容的灵活性

孤独症儿童社会音乐教育的主张是"兴趣教育"，关注更多的是儿童内心的需要。社会音乐教育教学内容比较灵活，可以根据孤独症儿童不同的年龄阶段、不同的水平自编教材，不论是哪种教学方法都以儿童的喜好为主导。

2.社会音乐教育形式的多样性

社会音乐教育相比于学校和家庭教育具有多样性的特点。社会音乐教育的培训机构，开办的教学内容有器乐班、合唱团、舞蹈班、私人音乐教学等，家长可以根据自己的经济水平、时间、地点和儿童的需要自行选择，既可以满足儿童的兴趣爱好，还可以使儿童与其他孤独症儿童一起学习，提高其交流能力。

3.社会音乐教育需要多方支持

目前，社会上针对孤独症儿童开设的音乐课程费用普遍偏高，而要想达到一定效果，需要坚持长期的学习，对于很多家庭来说这是一笔很大的开销，这也是社会音乐教学不能得到很好发展的主要原因。所以，孤独症儿童的社会音乐教育需要社会各界的支持，希望更多的音乐教师自愿投身孤独症儿童音乐教育志愿队伍。

## 第四节 音乐治疗与孤独症儿童康复训练

### 一、音乐治疗的概念

音乐治疗是一门应用学科，是将多种学科集于一体的治疗方案，以音乐为主导，通过音乐熏陶激发人与生俱来的音乐能力，从心理、生理的感受效应进行观察，将孤独症儿童紊乱的行为进行重新规整，其中涉及多种学科知识的应用，治疗方式十分庞杂，心理治疗的发展、学科体系的完善、各个流派的思想也在影响和引导音乐治疗的发展。因为音乐治疗建立较晚，其发展是在实践的过程中不断完善的，而不同的国家和地区因为风俗文化不同，所面对的受众群体也有很大的差异，所以各国专家并没有给出一个统一的治疗方法，也没有一个统一的学科定义。

综上所述，音乐治疗是指从边缘学科发展起来的，并逐渐形成自己的治疗风格，运用一切音乐活动形式，将多种学科的知识作为音乐治疗的辅助手段，对患者进行音乐干预的一种治疗方法。

## 二、孤独症儿童的干预训练过程中不同性质音乐的运用

将音乐运用到孤独症儿童的干预训练中,从孤独症儿童的理解和感受程度考虑,可以配合三种音乐类型进行治疗。第一种,正性音乐——一种积极的音乐类型,能够使患儿精神愉悦、身心放松;第二种,中性音乐——律动节奏都比较舒缓,对患儿的情绪影响不大;第三种,负性音乐——音乐律动比较低沉、沉闷,能够引起患儿内心的低落和伤感的情绪。正性音乐情绪比较高昂,演奏的速度较快,音色明亮剔透;中性音乐情绪比较平稳,演奏速度适中,音色比较浑厚;而负性音乐演奏速度缓慢,音色低沉,情绪比较低落。

所以,治疗师在音乐选择上,要始终遵循保持与孤独症儿童表现与干预一致的原则,即所选择的音乐性质应与孤独症儿童本身的情绪状态相一致。当孤独症儿童的情绪比较兴奋、行为举止比较活泼好动时,治疗师可以选择正性音乐,较快地与其情感形成共鸣;当其情绪比较低沉、行为较安静时,治疗师可以选择负性音乐,与其情绪尽量保持一致,形成情绪的对接,从而使其较容易地融入音乐环境中,感受音乐,在音乐情感的引导下,尽情地宣泄自己的情绪,使自己当前的情绪在音乐中得到释放,并在音乐的催化作用下,遗忘当下的情绪,实现向正面情绪的转化。

在音乐治疗过程中,不同的孤独症儿童因为个体之间的差异性,在接受音乐干预训练时要采取不同的方式,而同一个孤独症儿童在不同时期或者不同的情境下,其心理和生理也会发生一定的变化,所以在孤独症儿童的不同时期也应采取不同的训练方式。例如,一个具有焦虑、忧郁双重情绪障碍的孤独症儿童在接受音乐治疗时,治疗师应根据其特点,秉承心理学系统中的同质性原则为其选用具有负性能量的音乐,直到患儿将焦虑慢慢释放出来,再进行一段时间的强化,使其情绪完全宣泄以后,就要迅速转入中性音乐的治疗,而当其能够逐渐控制自己的情绪和行为,其行为和情绪逐渐转向正向时,治疗师要及时将正性音乐转入音乐治疗中。以最快、最紧密的速度,将孤独症儿童的干预训练时间利用起来,依照其变化及时地改变训练方式和内容,使训练时刻与其自身的行为联系起来,就能够充分发挥孤独症儿童成长各个阶段的音乐治疗的

作用，实现其情绪、情感的健康正常表达。

### 三、使用即兴音乐治疗干预孤独症的方法

即兴即自由抒发引导表达，是一种通过音乐来宣泄情绪、情感的方式。孤独症儿童不善言语表达，甚至有的孤独症儿童这一功能受损严重，所以可让他们通过这种非言语交流方式来即兴演唱或演奏，表达自己的情绪情感，从而达到治疗目的。

人的各种情绪、情感都可以通过音乐来表现，比如喜怒哀乐可以通过音乐节奏的快慢强弱来表现。治疗师在对孤独症儿童进行音乐治疗时，应通过演奏有明显音高的乐器，来为其即兴伴奏，也可以加入音乐情绪引导活动。同时，要最大化地发挥孤独症儿童的主动性，不要轻易地干涉，要把注意力放在其表现上，当出现有利因素时要实施手段进行强化，并将其及时迁移到其他情境中去。

### 四、影响奥尔夫音乐治疗的因素分析

#### （一）对奥尔夫音乐治疗理念的把握

奥尔夫强调，每个儿童都有与生俱来的"音乐感受能力"，即使不具备专业的音乐技能，也不影响其在感受音乐后，根据自己内心的想法，用肢体、歌唱、语言等方式抒发情绪、表达自我。所以，对于孤独症儿童而言，进行音乐治疗的目的不是对音乐知识的掌握，而是要让他们将音乐作为一种媒介，达到对自然环境的感知、自我情感的表达及与外界的交流。

孤独症儿童在语言沟通和社会交往方面都存在着障碍，而奥尔夫音乐治疗则强调"音乐体验"（唱歌、演奏乐器等）能够作为一种替代性的媒介促进语言系统的运转，培养孤独症儿童的语言和沟通能力。所以，治疗师在对孤独症儿童进行音乐治疗时，不应像对普通儿童那样，要求他们对乐理知识掌握熟练，而应该着重关注孤独症儿童通过歌唱、律动等音乐活动，其语言表达能力及与同伴、治疗师之间的沟通能力有没有改善。

治疗师在对孤独症儿童进行音乐治疗时，应因材施教，就算同为孤独症

儿童，他们之间也有着很大的区别，治疗师要根据不同儿童的特征，以及儿童不同时期的不同特征制订不同的治疗方案，从而使孤独症儿童的状态逐渐好转、学习能力逐渐提高。

孤独症儿童不像其他儿童那样能够熟练地运用语言与他人交流，尽情地宣泄自己的情绪，他们的一次眼神接触、一句喃喃自语、一个肢体动作，其实都是情感的宣泄、意图的表达，治疗师应该创设自由的环境，设计灵活的音乐活动，让孤独症儿童能够在自由的环境中放飞自我，充分地表达自己的情感，从而更好地开展治疗活动，提升治疗的效果。

（二）治疗内容的选取

对于孤独症儿童来说，在进行音乐治疗时，治疗师所选择的音乐应该适合孤独症儿童的身心特点，应选择旋律平缓、节奏缓慢、歌词容易理解的歌曲，其选取的内容应遵循以下特点：

第一，乐曲的节拍应为2/4、4/4拍，这两个节拍的节奏感比较强，律动鲜明，孤独症儿童能够更好地把握。

第二，音乐的乐句长度不宜过长，一般控制在4—8句，并且旋律应该简单、重复。

第三，可以选择节奏感强、较为活泼的音乐作为治疗素材。因为孤独症儿童的学习能力和记忆力较弱，通常需要重复多遍才可以大致记住旋律，所以需要不断重复，以达到强化记忆的作用。同时，孤独症儿童的反应较慢，通常不能及时地做出反应，选择节奏感强、活泼的音乐作为治疗素材可以吸引他们的注意力，但旋律不应过快，以防他们跟不上音乐节奏而产生烦躁的情绪，甚至放弃。

第四，旋律的音高控制在一个八度以内，最多不能超过十二度，音区以中央C所处的位置为基准。前后两个音的跨度基本维持在二度、三度，最多不超过五度。孤独症儿童大多伴有语言、发声等问题，乐曲音高变化如果过于复杂、音域跨度太大，他们便很难进行演唱，也不利于对其语言的训练。

第五，调性以大调式为主。首先在音乐选择上，应以大调式为主，大调式的音乐给人的感觉是明亮、欢快的，能够激发孤独症儿童聆听音乐和学习音乐的积极性。其次，在乐器的选择上应根据孤独症儿童不同的特点、个人的喜好及孤独程度选择适合他们的乐器，最开始治疗可以选择奥尔夫乐器中的无音高打击乐器，孤独症程度最弱的儿童可以选择大鼓或者铃鼓，手腕力量强、手指灵活性较好的儿童可以选择沙球、摇铃等乐器。最后，在音乐律动活动的动作设计中，应该注意先从上肢、下肢，再到全身协调训练的顺序、从粗动作到精细动作的练习顺序、从同侧运动再到异侧运动的协调训练顺序。

### （三）奥尔夫音乐治疗在同伴互动与集体活动中的应用

孤独症儿童在社会交往方面存在着一定的缺陷，在与人交流时，缺乏眼神的沟通，对语言缺乏敏感性和反应能力，不愿与人亲近，对于他人的情绪和情感，孤独症儿童很难去理解，他们即使有意愿去沟通，但常常不能以恰当的方式与父母、同伴建立关系，也无法产生分享行为，更不会主动寻求帮助。但他们终归是要回归集体、回归社会的，所以对孤独症儿童社会交流能力的培养是音乐治疗的重要一环。

孤独症儿童因为自身发展的不同，其适应能力也不同。奥尔夫音乐治疗的基本形式为个别训练、小组活动和集体活动。治疗师在进行音乐治疗时，应时刻关注他们的发展进程，在经过一系列音乐治疗后，判断他们是否需要参加集体活动，如果他们还不具有参加集体活动的能力，就以2—3人为一小组进行活动，成为向集体活动的过渡阶段。参与活动有利于他们模仿行为、榜样意识及沟通交流意识的产生。当他们各方面的能力水平都达到参与集体活动的标准时，便可以让他们参与集体活动。

### （四）家长与教师的共同参与

设计治疗方案时，需要家长、教师与治疗师共同参与，确立治疗目标，制订活动计划。在治疗的实施阶段，家长应与治疗师、教师进行密切的交流，了解具体的教学事项，与治疗师、教师通力合作，因为治疗只局限在课堂上是远远不够的，需要延伸至生活中，使孤独症儿童得到更全面的发展。

## 五、音乐治疗在孤独症儿童教育中的效果

### （一）能够提高孤独症儿童的专注力

每当音乐响起或者孤独症儿童亲身体验演唱、演奏乐器时，其全身多重感官便会被唤醒，从而提高他们的注意力、感官的协调能力，并能使其主动参与其中，提升其参与度。

### （二）能够激发孤独症儿童的语言沟通能力

孤独症儿童语言能力和理解能力都较弱，这就导致其学习能力低，不愿意与他人进行语言交流。音乐能激发他们自身的音乐性，使其在音乐环境中轻松地感受音乐的旋律、感受音乐所蕴含的寓意，并通过即兴演奏或演唱，促使语言表达能力的恢复和发展。

### （三）能够帮助孤独症儿童激发社会交往能力

即兴音乐的演奏，能够使孤独症儿童在放松的状态下，通过协调肢体进行演奏，有利于恢复其肢体协调能力和对音乐的感知能力，从而使他们在体会音乐中蕴含的情感的同时，自己的情感也得到合理的宣泄，保证其心理健康，也增强了他们与外界交流的勇气和信心。

# 第九章　特殊音乐教育的困境与出路

# 第一节 特殊音乐教育面临的问题

## 一、影响发展的社会因素

### （一）特殊音乐教育的制度缺陷

回顾我国特殊音乐教育的发展历程，可以说是在荆棘中前行，遇到了很多困难和问题，如学习过程缺乏创造性、师生比例失调、教材繁难偏旧、教师对待学生偏好与歧视并存，而在校外则存在着音乐教育观念陈旧、经济投入不足、管理体制僵化、生源流失严重等问题，所有这些，其根源在于教育制度的缺失。

从音乐教育角度来看，盲聋学校的教学大纲和音乐教材均是参照全日制普通中小学的音乐教学大纲和课本编写的，其教育对象是普通儿童，并没有注意到特殊儿童的特殊性，针对性不强。同时，许多特殊学校同样没有意识到特殊儿童对音乐的特殊需求及音乐教育对特殊儿童的积极作用，在课程实验方案中，开设的音乐课程很少，即便开设了，也只集中在低年级，严重影响了特殊儿童音乐能力的开发和发展。

### （二）有限的经济投入和薄弱的基础设施

1.学校规模不足，学龄特殊儿童失学严重

由于特殊儿童音乐教育长期不受重视，其发展频频受阻，特殊学校规模不足，再加上家长对特殊儿童教育的不重视或者家庭条件不允许，特殊儿童上学的需求无法得到满足，致使许多特殊儿童退学，得不到良好的教育和治疗。

2.经济投入有限，特殊音乐教育设施较差

从立法层面上看，我国尚未确立专项特殊教育经费保障制度，目前用于特殊教育的大部分经费源于政府财政拨款，其余则是从社会、慈善机构等获得一些捐助。经济投入的不足严重制约着特殊教育的发展，无论是校舍建设，还是软硬件投入都存在着不足。有的地区的特殊教育学校由于资金投入不足，没有专门的音乐教室，乐器配备不全，大部分教室只有教学必备的黑板、电灯和桌椅，很少有多媒体设备，这就大大降低了特殊音乐教学水平。一些特殊教育学校的音乐教师虽然配备了一些简单乐器，如风琴、钢琴、电子琴等，但也无法完全满足教师的教学需要。

3. 发展不够平衡，部分学校未正常开展音乐教育

我国特殊儿童音乐教育的发展还不够充分，很多学校还缺乏关于这门课程的教学计划和进度要求，常将其当作一种玩乐活动，部分地区甚至没有特殊音乐这门课程，使得当地的特殊儿童没有获得学习的机会。而许多开设了这一课堂的学校，也因特殊音乐教育教师的缺失而存在教学难题，在课程分配上出现了倾斜，多注重文化课的教学，而特殊音乐教学则只有一两个课时。在教学方法上也与普通课程教学无异，没有针对特殊儿童的发展特点制订与其特殊性相对应的教学策略和教学方法，这就使得很多特殊儿童因跟不上进度而辍学。

### （三）音乐领域特殊人群就业形势十分严峻

随着我国教育制度的完善，高校毕业生越来越多，择业也越来越困难，再加上自主择业政策的实施，对于特殊人群来说，就业形势十分严峻。就目前特殊人群就业问题来看，其就业方向很单一。以盲校为例，目前就业率最高的是推拿专业，社会上存在的对特殊人群的歧视和偏见，大大缩减了特殊人群的就业范围，也使得他们对音乐的学习积极性大大降低，特殊音乐教育处于一种十分不利的地位。

## 二、影响发展的教学师资方面的因素

### （一）师资数量不足且构成不合理

就目前来看，一方面，我国教学机制还不够灵活，很难聘请到高水平的教师参与教学，导致特殊音乐教资数量尚不能满足实际需要，由于特殊教育学校班额不大，一般为8—14人，但由于特殊学生的特殊性，个体差异也较大，这就导致教师无法同时顾及每个学生的特殊需求，从而使教学质量降低。

另一方面，由于特殊音乐教育师资队伍素质整体不够高。有些教师要么是没有较强的专业知识，要么是不能很好地了解和把握特殊儿童的生理和心理

的发展特点和其特殊性，只是按照普通学生的音乐教学方法去教学，这就使得特殊学生无法适应甚至无法理解这些教学内容，从而大大地降低了学习效率。而一些偏远地区的学校师资力量更是薄弱，由于没有专业的音乐教师，音乐教师经常由其他科的教师兼职，他们只是把音乐课当成了娱乐活动，简单地教一些节拍或者一些简单的歌曲，有的地区甚至没有音乐课。

### （二）教学实践的角色错位

大部分特殊音乐教育教师在课堂教学中都只是一味地灌输，他们很少能考虑这些特殊儿童的特殊需求，他们更多的是按照自己的思路来，将自己备课的内容一股脑地教授给学生，在教授的过程中缺乏与学生的沟通和交流，使音乐课堂变成了单向的、被动的、枯燥的课堂，最终导致学生失去学习的兴趣，降低学习效率。

### （三）师资培养与管理问题重重

#### 1.教师教育制度不规范

加强特殊音乐师资的培养和管理必须以建立一整套健全的教师教育制度为保障。目前，我国有关特殊音乐教师管理的制度还不够完善，缺少针对性强、易于操作的特殊音乐教育管理政策。如我国的教师资格认证制度还有很多缺陷，资格认证要求太低，认证的内容不全，只认证了教师的教育学科知识，而对于教师的音乐专业水平和教育实践技能则很少涉及，对于特殊音乐教育对象的特殊性，没有很规范的认证和考核。

#### 2.职前教育专业性不强

第一，没有稳定的特殊音乐师资培养渠道，没有明确的特殊音乐教师的师资标准，进入特殊音乐教育岗位的，有的是特殊师范院校毕业的，有的是普通音乐学校的毕业生，师资水平不一；第二，特殊教育院校太少，每年特殊音乐教育相关专业的毕业生屈指可数，师资人员太过单薄；第三，特殊音乐教师的培养模式还不够科学，大多还是重知识、轻实践，虽然教学内容很丰富，但是针对性不强，特殊音乐教育的教育对象有很强的特殊性，他们彼此之间也有很大的差异，所以对特殊音乐教育的师资队伍要求更高，实践性要更强。

### 3. 音乐人才流失严重

由于社会上对于特殊人群仍然存在歧视，一部分人甚至不愿意与特殊人群接触或者交流。而学习特殊音乐教育专业的高校毕业生也较多选择在普通中小学任职或另择他业，很少从事特殊音乐教育这个行业。甚至那些从事特殊音乐教育的教师，也因工资低、补贴少、付出与收获不成正比等原因而改行。真正走上特殊音乐教育道路的少之又少，这就直接导致了特殊音乐教育师资薄弱的现状。

## 三、影响发展的理论和教材方面的因素

### （一）教育哲学

思辨主义倡导超艺术的价值不需要通过艺术来获得，他们认为音乐的法则和规律源于音乐本体之外。受此影响，我国特殊音乐教育存在关注音乐教育外在价值的倾向，忽视其内在的审美价值，注重知识、技术等非审美体验，而忽视联想、想象、创造等审美方面的体验。音乐教育非艺术化特性明显，强调音乐教育的德育和智育功能。

形式主义则认为音乐的价值就在于音乐本身，无关乎其他，所以在音乐教学过程中，应重视对学生基础知识和基本技能的训练，而对学生的音乐兴趣爱好和审美能力的培养却毫不在乎，导致音乐教材专业性较强，不符合特殊儿童的身心发展特点，使其在学习上形成较大的障碍，甚至厌学。事实上，音乐具有"艺术"和"非艺术"的双重特性，音乐课程在设置过程中，应二者兼得，全面培养特殊儿童的音乐素养。

### （二）课程体系

音乐教育绝不是一门单纯的技能性教育，它涉及哲学、美学、教育学、心理学等多个学科。然而面对特殊音乐教育的复杂性和特殊性，特殊音乐教育的学科体系却尚未建立，特殊儿童音乐教学的目标、课程、学习方法等也没有明确的规定和要求，音乐教育的整体性、系统性还不够完善。

同时，对音乐教育的改革也只是侧重教学方法的改进，只注重外表的一些修整，而对于课程内部，包括开设符合特殊儿童特点的课程、针对特殊儿

童的发展特点调整教育方式等却很少涉及，这就导致至今为止，大部分特殊学校的音乐教育始终停留在教授简单的乐理知识和歌曲、学习简单的乐器等层面上，很少有音乐美学、音乐教育哲学、心理学等方面的教学内容。

（三）音乐教材

就目前的特殊音乐教材来看，其相对陈旧，缺乏正确的理论指导，教材内容没有反映教学对象的特殊性和特殊儿童个体间的差异，不具有针对性，只是倾向特殊儿童的集体教学需要，而忽视了特殊儿童之间学习能力的不同和行为缺陷的补偿。

很多教师反映，音乐教材不全且内容陈旧，与教学实际需要脱节。盲人学校使用的教科书富有时代气息的音乐作品较少，不具有时代性。同时，在信息化的现代社会，多媒体教学已经成为一种趋势，而特殊音乐的教材能够辅以视图、音频等直观性的内容很少，不利于特殊儿童的全面发展。

为了激发特殊儿童学习音乐的兴趣，使他们感受时代的进步，与世界接轨，教师不得不寻找内容新颖、实践性强、具有时代气息的音乐作品加入教学内容，甚至有的学校已经开始自己编写校本教材，但由于教师自身学识水平有限，所编写的教材难免会出现体系不完整、教学内容不统一、不符合特殊儿童发展阶段的特点等问题，同时也无形中增加了教师的备课量，造成重复劳动和资源浪费。

（四）课程实施计划

首先，由于教育对象的特殊性，教师在教育的内容、要求和实施方式上必须考虑特殊儿童的客观情况，从他们认知活动的特点和接受能力的实际出发，通过教育和训练，实现其生理和心理的缺陷补偿，使他们能够适应生活，成为自食其力的劳动者。但是在特殊音乐教学过程中，由于教师对特殊儿童的了解不够或者自身能力有限，并不能真正顾及特殊儿童的特殊性，不能有针对性地教学，无法做到因材施教。

其次，音乐作为美育、智育和德育的一种手段和方法，不仅仅是教学生学一些简单的乐理知识、唱几首歌、学几件乐器，而是要通过对音乐的欣赏、感知，再附加教学过程中所涉及的舞蹈、情境融入等，使学生的各个方面都得到协调的发展。然而在现实教学过程中，教师很少会将音乐教学与美、智、德育联系起来。特殊音乐教育目标不明确、实施不彻底导致了音乐教育活动的盲目性及教育实践的敷衍和片面性。例如，2005年春节联欢晚会上中国残疾人艺术团演出的《千手观音》的成功，在社会上引起了巨大的反响，但也在很多聋人学校里掀起了一阵"律动风"，他们也致力于排练一些精彩的节目，但不是为了提高听障学生的音乐修养，也不是为了使他们得到很好的锻炼，而是出于一种商业目的外出表演，为学校提高声誉，从而赢来众多的生源，这就严重偏离了音乐教育的目的。

最后，音乐教材存在的一系列问题使得很多特殊音乐教师在落实课程实施计划时做法不一，也鲜少关注特殊儿童课外的音乐需求，只是一味地学习课本上的理论知识，隔绝了与外界的联系和沟通，阻塞了向社会汲取营养的渠道。同时，在学生的课外时间，不注重提高学生的预习和复习的学习能力，使得这些特殊儿童的课余时间大部分耗费在上网、玩游戏等这些娱乐活动上，而将音乐课后作业搁置一旁，将这种把音乐与生活联系起来的机会浪费掉，大大降低了学习效果。

## 第二节　培智特殊音乐教学的创新发展

### 一、改变教学观念

培智特殊音乐教学的对象都是在智力上有缺陷的特殊儿童，他们的学习能力较普通儿童低，往往在注意力和记忆力等方面存在一定的不足。注意力不集中，无法安安静静地听教师讲课，无法捕捉到课堂教学内容的重点；记忆力不好，无法将所学到的知识进行巩固，甚至记不住自己学习了哪些内容，这就为教师的教学增加了难度。

在特殊音乐的教学过程中，传统的教学方式一般是教师唱一句、学生学一句，但这种枯燥的学习方式，不利于特殊儿童的学习，其注意力往往难以集中，甚至出现厌学的心理。所以，教师应该改变传统的教学观念，加强音乐课的实践活动，使这些特殊儿童能够去听音乐、看音乐、感受音乐、理解音乐，动用全身的感官参与音乐活动，打破传统的以教师为中心的教学方式，构建良好的音乐课堂氛围，进而更加有效地激发学生学习音乐的兴趣。例如，在进行《谁会这样》这首歌的音乐教学时，教师可以提前准备一些与歌曲内容相关的东西，如鸟形头饰、鱼形头饰、马形头饰等，然后在上课之前分发给学生，并教他们一些简单的鸟飞、鱼游、马跑的动作，也可以让他们自己想象一种动作，然后循环播放音乐，并指导学生，每当唱到鸟儿时，拿着鸟形头饰的小朋友就要做鸟飞的动作；当唱到鱼儿时，拿着鱼形头饰的小朋友就要做鱼游的动作；当唱到马儿时，拿着马形头饰的小朋友就要做马跑的动作，这种教学与实践活动的结合，有利于学生提高注意力，能够让他们在玩乐的过程中学到知识，在亲自体会和实际示范的过程中产生探索奥妙的兴趣，感受到学习并不是一件索然无味的事情，学习中也有很多乐趣，如此这样便拉近了歌曲与学生之间的距离，让学生的情感得到充分的发挥。

在音乐播放的过程中，教师可以用简洁的、符合培智学生理解特点的语言将歌曲的意思阐述出来，在阐述的过程中，语言应尽量生动活泼、语调抑扬顿挫，让学生的注意力被吸引过去，全身心地沉浸在歌曲中。教师将歌曲的内容进行直白的阐述，实际上也是在调动培智学生的思维，培养他们的思维想象能力。这种特殊教育方式可以使学生的注意力得到提高，在玩乐中学习，可以使他们更容易沉浸在学习氛围中，也更容易记住歌词的内容，加深记忆，从而克服记忆方面的缺陷，提高学生的记忆能力、思维表达能力和语言表达能力等。

## 二、创新教学模式

为了能够有效激发培智学生的音乐学习兴趣、提高音乐教学质量，在进行音乐教学的过程中，音乐教师可以采取多样化的教学模式，寓教于乐，提高音乐教学的趣味性。例如，在进行《我是一个粉刷匠》教唱时，可以按照歌词的内容编几个简单的动作，唱到粉刷匠时，做一个粉刷的动作，唱到小房子时，做一个房子的手势等。然后在弹奏演唱的过程中，会唱的同学跟着伴奏边唱边做舞蹈动作，而不太熟练的同学由于模仿心理，也会跟着一起做或者跟着节奏打拍子，这样，课堂的氛围就活跃起来了。同时，也可以通过乐器演奏，达到这节课的教学目标，比如，在循环播放几遍歌曲、对歌词大意进行阐释之后，教师可以通过乐器演奏的方式伴奏，而学生可以通过一些简单的乐器，如鼓、口琴等，按着伴奏的鼓点进行拍击，与教师形成一种呼应。这样的教学模式不仅可以提高课堂的趣味、提升学生的学习兴趣、使学生集中注意力，而且可以让培智学生的想象力及创新能力得到进一步提高，从而带动学生学习音乐的积极性和参与意识。同时，这种创新型的教学方式，可以激发学生的学习兴趣，提高学生的肢体和感官协调能力，从而提高学习效率。

### 三、创新教学教材和手段

我国社会经济的飞速发展，也带动了音乐行业的繁荣，音乐发展越来越国际化，音乐种类越来越多，所涉及的领域也越来越宽泛。音乐不仅代表着音乐领域的文化，还代表着一个时代的特征，所以在培智音乐教育过程中，多采取一些当代的流行音乐为教学素材，可以拓宽学生的眼界，拉近特殊儿童与世界的距离，使他们与世界同步发展，让他们认识到世界离他们并不远，而且世界是美的。

例如，在《小苹果》比较流行的时候，可以教特殊儿童学习《小苹果》的演唱和舞蹈，因为几乎大街小巷，甚至是广场舞都在播放这首歌曲，这样无时无刻的循环可以提升特殊儿童的注意力和记忆力，帮助他们学习和掌握歌曲。另外，在进行《小苹果》的教唱和舞蹈的过程中，为了提高学生对舞蹈的兴趣，教师可以先播放《小苹果》的舞蹈视频，因为视频对特殊儿童的吸引力还是比较大的，这样第一步便将学生们的注意力紧紧地吸引了过来。《小苹果》这首歌的歌词比较简单易懂，节奏律动比较鲜明、重复性强，所以舞蹈动作也比较容易学。教师也可以根据课堂上特殊儿童的身心发展特点和发展程度，对舞蹈动作进行简单改造，从而促进特殊儿童的学习和记忆。当把学生这些教学内容都差不多掌握后，自然而然地便可以感受到《小苹果》这首歌的音乐美和舞蹈美。

与此同时，在音乐教学活动中，巧妙地应用多媒体进行教学，可以打破传统教学模式在时间、空间和区域上的限制，简单明了地体现各种事物和现象，让音乐教学变得更加生动，有很强的艺术感染力，并且多媒体的反复再现可以提高学生的记忆能力和理解能力。这样，不但可以让学生充分利用视觉、听觉去获得更多的音乐知识，并且可以让学生比较直接地采用分析比较的方式进行学习，以此让学习效果得到有效提高。为了让学生的知识更加丰富、眼界更加开阔，教师还需要给学生听一些著名的音乐作品，让学生懂得音乐不但可以让他们唱歌跳舞，还能够让他们说出想说的话，鼓励他们实现自己的梦想。

## 四、培智特殊音乐教学中的个别化教学

### （一）明确学生的能力差异，确定教学方向

培智特殊音乐教育的对象大多存在着一些个人障碍，而且个体之间还存在着一定的差异，所以在实施音乐教学的过程中首先需要了解学生是否存在一定的能力差异和心理障碍，以及这种差异和障碍的多少，只有对学生的生理、心理的发展特点有一定的了解，才方便教师"因材施教"，才能够让教师有针对性地进行教学，从而提高教学效率。

教师在教学过程中应该特别注意这些特殊儿童的差异性，比如，对于一些比较自卑或者有孤独症的学生，千万不要对其进行"冷处理"，不要忽视他们或是冷漠对待，而要从心理上对其进行适当的开导和安抚，怀着一份关爱，用足够的耐心慢慢地帮他们走出自己的"小圈圈"，引导他们慢慢学会接触外面的世界，打开心扉，与外界进行交流，学会与其他小朋友一起玩耍、沟通、合作，克服挡在面前的壁垒，最终促进教学的顺利进行。

同时，不同的学生喜欢的音乐类型可能不同，甚至是有很大的差异，这就需要教师在课堂上教学的同时认真分析每个学生的性格特征、对于音乐知识的吸收情况及基础情况，也可以与家长进行有效的沟通，从家长那里了解学生平时的一些行为特征和喜欢听的歌曲类型，然后可以综合这些因素进行有针对

性的课程设计，明确教学方向，尽量在实际教学中保证全体学生都能够积极参与音乐课堂。

**（二）采取多元方式，激发学生的学习兴趣**

对于大部分特殊儿童来说，他们的世界是静止的、没有方向的，他们对世界的感知有一定的延迟，甚至很难理解这个世界是善意的还是恶意的、是灰暗的还是斑斓的，他们用一种没有任何感情色彩的眼睛静静地注视着这个世界，不知道如何去拥抱它、如何张口跟它说第一句话，他们始终像一个刚出生的婴儿，需要别人的拥抱获得安全感，需要别人的轻声呵护获得人情的温暖。

教师作为特殊儿童认识世界的引路人，其指引和辅助对特殊儿童有重要的意义。这就要求教师在培智音乐教学过程中，要不断积累经验，既包括教学的经验，也包括了解学生特殊性的经验，以便他们能够在接触众多特殊儿童时能够快速抓住其特点，从而制订对应的教学方案。同时，还要注重教学方法的选择，培智音乐教学不同于系统性的音乐教学，它更倾向于启发性和兴趣诱导性的教学，所以教师要时刻避免课堂的枯燥化倾向，要努力营造一种能够激发广大学生学习积极性的良好氛围。比如，大部分特殊儿童的记忆力有些不足，他们很难记住说过一次的话或者唱过一次的歌，所以对他们的教学需要不断地重复，但是只是以一种方式不间断地重复，只会让学生觉得枯燥乏味，甚至产生逆反心理。所以，教师可以将教学内容演化成多种音乐活动形式。如对一首歌曲的学习，首先，播放歌曲的相关视频，吸引学生的注意力，然后将歌曲的大意用一种富有腔调的语言给学生阐释几遍，使他们有一个大致的了解；其次，重复播放音乐，可以配合一些简单的乐器，跟着音乐的节奏轻拍乐器，让学生对歌曲的节奏律动有一个大致的感知；最后，可以为歌曲编排一些简单的舞蹈动作，或者根据一些关键词搭配一些动作，让学生跟着伴奏舞蹈。这样以不同的方式重复同一首歌曲，不但可以使学生加深对这首歌曲音乐节奏的感知，还能促进他们的肢体协调和思维想象能力的提高，从而促进其多方面发展。另外，还可以通过举办大合唱的方式，让学生各自负责一个部分，如有的学生负责演唱、有的学生负责乐器、有的学生负责舞蹈等，可以使其积极地参与集体活动，提高其合作能力。而针对某些拥有特殊爱好的学生，如某些学生比较喜欢乐器，并且学习能力也很好，在进行集体活动时，就可以激励他们以自己擅长的方式参与集体音乐活动，从而在最大限度上激发这些学生对音乐的兴趣。

### （三）综合知识与实践，鼓励学生积极参与课堂互动

像孤独症儿童、多重障碍儿童这类特殊儿童的世界是常人无法理解的，他们喜欢把自己封闭在自己的世界，就像是一个真空玻璃罐，只能看到外面世界的样子，却无法感受，更别说打破厚厚的玻璃罐壁与外面的世界融为一体了。面对这样的特殊学生，特殊音乐教师需要付出更多的努力，进入他们的世界，与他们进行交流，帮他们打开心扉，引领他们触摸外面的世界。所以在针对这类学生进行教学时，教师要丰富自己的教学方式，通过多样化的教学模式吸引特殊儿童的注意力，在课堂上多进行语言交流，帮助引导他们参与课堂互动实践，引导他们通过音乐、语言或者乐器表达自己的情绪和态度，以这种方式与外界进行交流，并丰富自己的世界，慢慢尝试与外界接轨，最终走向明朗的人生。

总之，在现代化教学的推动之下，培智音乐教学应该遵照时代的要求和学生的需要，切实地在音乐教学中提高学生的自信心，增强学生的自我认同感。学校方面还应该重视家庭因素，帮助家长培养综合素质，建立家校合作的链条，促使家长和学校共同协作，帮助学生成长，辅助学生学习，从而使学生通过更加系统化的学习更好地融入社会。此外，无论是音乐教学，还是其他课程教学，都应该严格地贯彻个别化教学的理念核心，找出学生身上的差异性，因材施教，进而强化教育效果。

## 第三节 特殊儿童音乐教育实践策略

### 一、特殊音乐教育的学科价值

#### （一）特殊音乐教育在音乐教育中的意义与作用

作为普通音乐教育的必要补充，特殊音乐教育不仅是音乐教育的重要标志，还是社会发展的重要标志。为特殊儿童提供平等的教育机会是促进社会公平和实现教育均衡的重要内容，也是特殊音乐教育生存的重要前提和发展的必要保证。特殊儿童与普通儿童一样，也拥有接受教育的权利，这也是其客观需求。帮助特殊儿童提高自身音乐素质、掌握基本的音乐表现技能是现代教育的要求，也是时代发展的基本要求。因此，教师需要从特殊儿童的认知和心理特点入手，寻求能够满足特殊儿童心理需要的音乐教育目标、内容和方式。

相对于其他音乐教育活动来说，特殊音乐教育出现得较晚，但其一出现便体现出国际化的倾向且快速发展起来，其相关研究不断成熟，相关理论也是层出不穷。这一系列重要的理论不但适用于特殊音乐教育，而且符合普通音乐教育的规律，普通音乐教育的基础理论也因此得以丰富和发展。普通音乐教育与特殊音乐教育之间的差异性表现在教育对象的特殊性，但是从某种角度上来讲，普通音乐教育对某些有特殊需求的个体也会表现出与特殊音乐教育对象一样的需要和可能。此外，针对普通儿童，特殊音乐教育的一些方法也可以帮助激发其学习音乐的兴趣，提高学习成绩。

#### （二）特殊音乐教育在特殊教育中的意义与作用

对于视障儿童来说，他们的世界是黑暗的，他们看不到色彩斑斓的世界，看不到形形色色的人，看不到物体的方圆曲直，也看不到人们无法言说的表情，但是他们的听觉和触觉是十分敏锐的，他们能够听到常人听不到或没意识到的声音。所以对于他们而言，特殊音乐教育是简单的、比较容易掌握的，甚至许多盲人在音乐学习过程中，表现出一种超乎常人的天分，他们对音乐的节奏和律动非常敏感。音乐教育可以使他们进一步增强听力，发展敏锐的听觉和触觉，帮助他们消除心理障碍，重拾面对世界的勇气，重建自我概念，找到适合自己前进的方向，音乐的节奏感还可以帮助他们恢复身体机能，促进其各方面的协调发展。

音乐对于听障儿童来说是一种振动、一种形象、一种感受，音乐可以进入听障儿童的内心世界，帮助他们以触觉和振动等特殊的方式去感知音乐，用全身感官去理解音乐，去挖掘音乐中所包含的情感，从而提高他们的感官能力和表达能力，消除一些不良心理，塑造健康的人格品质、思想品质和个性，有助于其健康快乐地成长。

而对于智障儿童而言，他们的学习能力远远低于其他特殊儿童，他们往往很难理解学习的内容，甚至不会很听话地坐在那认真听讲，所以对他们来说，学习文化知识是枯燥的、困难的。而音乐作为一门相对来说较活泼、简单的学科，是促进他们学习的一种有效方法。实践证明，相较于其他学科，智障儿童对音乐表现出了极强的接受能力和反应能力。这也就意味着，有组织的音乐教育能够为智障儿童提供一种环境刺激，帮助其生成一种良好的音乐动感反应，激发智障儿童的潜能，发挥他们的潜力，发展其运动肌肉群，从而打下学习语言等抽象符号的良好基础。

## 二、特殊音乐教育的理论与实践研究

### （一）加强特殊音乐教育的理论研究

要想使特殊音乐教育得到健康、持续的发展，就要加强高校师范专业在特殊音乐教育方面的办学力量，增加在特殊音乐教育理论的研究工作中的人力和物力的投入。同时，从特殊教育基本内容、方法和评价体系等方面入手，完善特殊音乐教育教学大纲，促进教学目标、原则、方法、内容和评价标准在实际特殊音乐教育中更加适用，从而构建完善的特殊音乐教育理论体系。

### （二）加强特殊音乐教育的实践研究

1.特殊音乐教育的教学原则

（1）音乐活动与身体康复相结合原则

特殊音乐教育是一门技能学科，即将艺术实践活动作为主体。作为帮助特殊学生获得补偿的重要手段，特殊音乐教育有必要与特殊学生的康复紧密连接，通过音乐实践活动帮助学生在心理和生理上获得康复。从这一层面来讲，在特殊音乐教育的实践中，有必要强调始终贯彻音乐实践活动与身体康复相结合的原则。

（2）音乐游戏原则

特殊儿童在某方面会有些缺陷，他们的学习能力和接受能力较弱，普通的教学方式很明显不适合他们。在特殊音乐教学过程中，要以形象思维为基础，以直观教学的方式培养其各种能力素养，激发他们的学习兴趣，发展个性，这对其生理及心理方面的缺陷都是一种补偿，有利于其健康发展。

（3）贯彻因材施教原则

特殊儿童之间也存在着很大的差异，他们有的视力存在障碍，有的听力存在障碍，也有的智力存在障碍，这种差异性是比较明显的，所以在教学过程中必须注意要因材施教。此外，特殊儿童在不同的阶段其身心发展也具有一定的差异性，特殊音乐的教师要密切关注每个特殊儿童的变化，及时改变教学手段和教学内容，以适应特殊儿童的变化，使他们都能找到自己学习的切入点，适应学习的节奏，提高学习兴趣和学习效率。

2. 特殊音乐教育的教学内容、形式和方法

在特殊音乐教学过程中，要采取情景主题的教学形式和方法，特殊儿童相较于普通儿童，其接触社会的机会要少一些，甚至有的特殊儿童，如智障儿童和孤独症儿童，其接触社会的机会更是屈指可数，学习对于他们来说也有一定的困难，所以提高教学方式的有趣性和简易性，有助于提高特殊儿童的学习积极性。情景主题的教学形式和方法把音乐课的内容和相关情景相联系，使学生主动参与音乐的情景，用全身的感官去感受音乐，令他们沉浸在音乐的特殊情景中，有利于加强其对音乐的感知能力。另外，多组织一些集体音乐表演活动，给特殊儿童更多的艺术实践的机会，使他们在与其他小朋友合作表演的表演过程中增强集体意识，提升团结协作的能力，也能促使其不断康复。

3. 重视特殊音乐教育师资力量的培养

制约特殊音乐教育发展的一个重要因素就是教师的素质。由于教育对象

的自主学习能力具有局限性，因此，教师是帮助其学习的重要因素。只有将教师的整体素质提高，使教师具备更强的特殊音乐教育能力，才能促进教师队伍整体的发展。针对骨干教师，为其提供再学习的机会，拓展他们的上升空间，促使他们最大限度地发挥教育潜能。在教师的选择方面，可以选择拥有较高素质的特殊音乐教育专业教师，因为长时间的学习不仅让他们有超高的音乐素养，他们还具备对特殊儿童的深刻认识及针对特殊儿童实施特殊教育手段的素养等，从而可提高整体教师的素质水平。同时，普通师范院校的音乐专业院系可以与特殊儿童研究专家进行合作，共同编订特殊教师培训大纲及课程，解决特殊音乐学校骨干教师的相关培训问题，从而使特殊学校音乐教师的选用和培训进入正常、规范的轨道。

### 三、特殊音乐教育的实践策略

#### （一）转变观念，提高认识，建立有效机制

即使有体量巨大的文献资料和课程时间证明音乐在促进特殊儿童身心健康方面发挥着一定的积极作用，但是现今针对特殊儿童的音乐教育仍然较多地流于形式，和普通音乐教育的区分度并不大。例如，盲人学校的特殊儿童音乐教育以唱歌为主，聋人学校的特殊儿童音乐教育以律动为主，教材仍较陈旧、内容单一，教师教学方式灵活性较差，即未将特殊儿童的需求作为出发点，未能制订适合特殊儿童的音乐教育内容。

只有实现教育公平才能够保证为特殊儿童提供高质量的音乐教育。首先，应该在意识层面了解特殊音乐教育的重要性，学校、教师和家长要彻底转变对特殊音乐教育的认知。应该明确，音乐教育并非用来消遣的娱乐活动，而是帮助特殊儿童康复和治疗的特殊方式，其在激发特殊儿童潜能、弥补特殊儿童某些方面不足等方面具有不可取代的作用。其次，为了促进特殊音乐教育的发展，特殊教育学校及相关机构有必要从学校层面制订相关规定。例如，成立特殊音乐教育教研室，探讨特殊音乐教育的具体定位和课程内容，制订具有可行性的音乐教学及康复计划。特殊音乐教育不应该只是单纯地聆听音乐、观看视频，而是针对特殊儿童的特点进行分层，有的放矢地实施音乐教育及

音乐康复，促进特殊音乐教育真正地发挥作用。

**（二）建立具有良好专业素养的音乐教师团队**

目前，全国各地特殊教育学校及机构已经根据国家要求开设音乐类课程，但师资力量还具有一定的差异性，一些地区的特殊音乐师资力量还很薄弱，甚至有的音乐教师是其他学科的兼职老师，由于教学设备落后，音乐课的上课形式往往是老师播放音乐，然后再领唱两遍就结束了。还有的教师自身能力水平有限，其乐理知识比较匮乏，对于特殊儿童的一些学习特点、生理和心理上的缺陷并不是很了解，更别提因材施教了，他们只是把音乐课当成一种娱乐活动。师资力量的严重匮乏和师资能力水平的局限性导致特殊儿童音乐教育的教学质量受到制约，从而导致针对特殊儿童的音乐康复和音乐治疗也受到约束。

因此，实施特殊儿童音乐教育的关键是建立更为专业化的音乐教育队伍。首先，要增加特殊教育师资的培养力度，各特殊音乐教育院校及相关机构应该结合实际，制订和完善特殊音乐教育专业人才的培养方案，分层次、分方向地培养特殊音乐教育人才与特殊音乐康复人才。特殊音乐课程内容的设置应该考虑特殊教育的特点和特殊儿童的需求，除了音乐知识与音乐技能，还应该包含特殊儿童音乐康复的相关内容。其次，将音乐、表演、舞蹈等专业的毕业生引入教师队伍，并为其提供入职后的系统培训及交流学习，使他们能够胜任特殊儿童音乐教育工作及康复工作。他们本身的专业知识对特殊音乐教育的教学方式和教学灵活性有很大的帮助，可以在教学过程中加入很多新鲜的元素，提升特殊儿童的学习兴趣。最后，教育部门、特殊学校及教育机构应该尽可能地为艺术类教师提供培训机会，搭建交流平台帮助教师提高教育水平，也可以聘请音乐教育和康复治疗相关的专家开设讲座，通过更加专业的培训提高教师的业务能力。

**（三）在音乐课程中引入音乐治疗内容**

过去很长一段时间中，特殊音乐教育的教育模式都与普通音乐教育相同，但是得益于特殊音乐教育相关研究的发展，特殊音乐教育开始针对不同类别的特殊儿童开设课程。例如，针对视力障碍儿童，有的教师会为他们配备盲文音乐课本，并适当地添加唱歌、音乐欣赏等内容，以及有律动的音乐游戏；对于听力障碍儿童，有的学校设置了舞蹈课和律动课，同时配以节奏训练和有歌词的创作活动；对于智力障碍儿童，有的学校则开设唱游课。由于特殊儿童在节奏掌握和歌词记忆方面有一定的阻碍，因此特殊音乐教师要通过音乐游戏引导他们掌握某些知识，如计数等。

特殊音乐教育应该与普通音乐教育区分开来，因此教师要有针对性地开展音乐康复和音乐治疗方面的教育。引入音乐康复和音乐治疗的内容，构建一种将音乐教育作为主体、以音乐治疗为辅的教育模式，从而实现音乐对特殊儿童的治疗。伴随着我国不断推进随班就读的融合教育模式，教育对象也默默地出现了变化，这意味着传统音乐教育已经难以适应不断发展的教育对象的需求，因此教育工作者需要改变教学模式、潜心研究性教学手段，更好地为特殊儿童服务。

**（四）丰富课外音乐教育活动**

课外音乐活动是课堂教学的延续，是音乐教育的重要组成部分，不仅能培养特殊儿童对音乐的兴趣，丰富其文化生活，排解不良情绪，还能拓宽特殊儿童的视野，帮助他们提高各类技能、技巧和音乐素养。

目前，一些学校开展了丰富多彩的与音乐相关的课外活动。例如，盲人学校的盲生民乐队、聋人学校的聋生舞蹈队。与此同时，特殊儿童工作相关的福利机构和学校组织为特殊学校开展的活动提供了人力和物力保障。很多文艺志愿者会定期参与特殊学校工作，为特殊儿童提供培训，帮助学校训练特殊儿童文艺队，举办特殊儿童文艺汇演及音乐会，将音乐课堂教学延伸至社会中，挖掘具有特殊音乐才能的特殊儿童。但是针对孤独症儿童和智障儿童的课外活动仍然不多，这主要是因为这两类儿童受身体条件限制，难以使音乐培训达到预期效果，所以往往被人忽视，受到的关注度较少，与他人、与社会交流的机会也不多。因此，学校有必要丰富这两类特殊儿童的课外音乐教育活动，搭建为他们提供康复训练的平台，促使他们在协作互动中感受快乐，宣泄不良情绪，并提高身体素质及肢体协调能力。如果长时间对其进行音乐康复训练，他们也可以拍出具有动感的节奏，也能够参与表演活动，提高自信心。

### （五）创建音乐治疗室，引入特殊儿童音乐治疗教育

时代的发展和进步使得大部分学校都拥有设施完善的舞蹈教室和音乐教室，然而针对特殊音乐教育和音乐训练的专门场所并不多。这种专门场所又被称作音乐治疗室，是促进以音乐教育为主、音乐治疗为辅的特殊音乐教育发展的重要场所。从我国特殊音乐教育现状来看，音乐康复和音乐治疗难以达到预期效果的重要因素是接受音乐治疗教育背景的教师极其匮乏。因此，加大特殊音乐教育的资金投入、创建音乐治疗室、招聘特殊儿童音乐治疗师是当务之急。将音乐治疗室和特殊儿童音乐治疗室融入特殊音乐教育，是使特殊儿童音乐教育走向专业、走向融合的重要手段。

# 参考文献

[1] 连赟. 中国特殊音乐教育历史与现状研究[M]. 南京：南京师范大学出版社，2012.

[2] 杨晴. 用律动打开听障儿童的心扉：听障儿童律动审美教学探究[J]. 文化创新比较研究，2018，2(06)：98-99+102.

[3] 涂凤. 关于特殊教育学校音乐教学的探讨[J]. 艺术评鉴，2018(02)：138-139+155.

[4] 张超. 浅谈音乐教育在智障儿童的教育中的应用[J]. 中国校外教育，2017(25)：76.

[5] 孙慧敏. 探析特殊儿童音乐教育现状[J]. 黄河之声，2017(10)：42.

[6] 张瑜. 音乐教育对于特殊儿童的影响[J]. 大众文艺，2017(01)：219-220.

[7] 肖蕴瑜. 关于自闭症儿童在音乐教育中的心得体会[J]. 戏剧之家，2017(01)：224.

[8] 伏雅枢. 奥尔夫音乐教育在智障儿童教学中的应用分析[J]. 黄河之声，2016(17)：36.

[9] 张媛. 谈我国视障音乐教育师资培养中的一些问题[J]. 科技展望，2016，26(35)：342.

[10] 高阳. 浅谈音乐教育在智障儿童的教育中的应用[J]. 亚太教育，2016(28)：154.

[11] 常欣，刘雨婷，王沛，等. 音乐干预对自闭症儿童语言障碍的影响[J]. 心理科学进展，2016，24(09)：1391-1397.

[12] 杨淇雅. 关于特殊音乐教育师资培养的个人见解[J]. 艺术科技，2016，29

(09): 397.

[13] 王宁. 视障学生音乐教育的小组课程设计[J]. 中国校外教育, 2016(24): 72.

[14] 梁冬玲. 浅议听障儿童的学前音乐教育[J]. 戏剧之家, 2016(11): 236.

[15] 龚红梅. 奥尔夫音乐教育在智障儿童教学中的应用[J]. 艺术教育, 2012(11): 54–55.

[16] 刘雪曼. 听障儿童干预和康复效果评估进展[J]. 中华耳科学杂志, 2015, 13(04): 568–577.

[17] 李伟宁. 视力残疾学生的特殊音乐教育[J]. 成功(教育), 2013(08): 108.

[18] 段云峰, 吴晓丽, 金锋. 自闭症的病因和治疗方法研究进展[J]. 中国科学: 生命科学, 2015, 45(09): 820–844.

[19] 王诗慧. 浅谈律动教学对特殊儿童音乐教育的影响[J]. 音乐时空, 2015(13): 135.

[20] 王淑荣. 自闭症儿童社会交往能力培养策略探析[J]. 中国特殊教育, 2015(07): 34–38.

[21] 赖珊, 徐光兴. 自闭症儿童干预技术[J]. 中国健康心理学杂志, 2013, 21(02): 317–320.

[22] 董放. 以音乐治疗为取向的自闭症儿童音乐教育个案研究[J]. 教育现代化, 2014(02): 70–74.

[23] 祁欣. 论析视障音乐教育的历史与现状[J]. 科技展望, 2014(23): 268.

[24] 雷江华, 刘义丽. 智障儿童心理研究新进展[J]. 中国特殊教育, 2014(11): 15–21.

[25] 张贺香. 论特殊教育师范院校的声乐教学设置原则[J]. 艺术百家, 2013, 29(S1): 330–331+315.

[26] 连赟. 特殊音乐教育研究现状综述[J]. 艺术百家, 2012, 28(S1): 400–402.

[27] 刘英曼. 自闭症儿童音乐教育的策略与要求[J]. 文学教育(下), 2012(11): 152–153.

[28] 别克.我国特殊音乐教育发展的"困境"与"出路"[J].长春教育学院学报,2013,29(21):60-61.

[29] 段志敏,齐江岩.关于特殊教育音乐师资培训的若干思考[J].黄河之声,2013(17):26-27.

[30] 余晓,郭琴.特殊儿童音乐教育的内涵、价值及现实困境[J].绥化学院学报,2018,38(04):142-144.

[31] 贺荟中,俊明.视障儿童的认知特点与教育对策[J].中国特殊教育,2003(02):43-46.

[32] 黄银美.发展视障儿童学习能力、社会适应能力的研究[J].现代特殊教育,2003(01):11-13.

[33] 宋鸿雁.视障儿童与正常儿童自我概念和个性的比较研究[J].中国特殊教育,2001(04):52-57.

[34] 陈莞.音乐治疗在智障儿童教育中的作用[J].教育探索,2006(07):92-93.

[35] 陈莞.音乐治疗在特殊教育中实施的探索[J].中国特殊教育,2005(05):17-20.

[36] 王怡,钱文.视觉障碍儿童心理理论发展的研究[J].中国临床康复,2005(12):148-150.

[37] 牟江群.浅谈音乐教育与智障儿童的康复训练[J].新西部(下旬.理论版),2011(Z1):54+62.

[38] 连赟,王晔.论特殊音乐教学法的缺失及对策[J].艺术百家,2011,27(S2):386-389.

[39] 郑瑾.音乐教育对特殊儿童感知觉培养的重要性[J].大舞台,2011(10):162.

[40] 张瑞智.关于特殊教育中盲童音乐教育的一些思考[J].当代教育论坛(教学研究),2011(07):120-122.

[41] 张庆阳,张乐.音乐教学中探索特殊教育的实践与思考[J].中国西部科技,2011,10(20):93-96.

[42] 刘丽杉, 金海玉. 浅析特殊儿童音乐教育[J]. 黑龙江科技信息, 2011(18): 208.

[43] 王娜, 杜巧新. 听障儿童听觉言语能力影响因素的研究[J]. 中国康复理论与实践, 2011, 17(04): 372-374.

[44] 张志勇, 邓淑红. 自闭症儿童体育游戏干预个案研究[J]. 体育科学, 2010, 30(08): 49-56+68.

[45] 李晓燕, 周兢. 自闭症儿童语言发展研究综述[J]. 中国特殊教育, 2006(12): 60-66+59.

[46] 潘春燕. 基本运动能力训练对智障儿童智力发展的影响[J]. 上海体育学院学报, 2006(04): 54-57.

[47] 龚文嘉. 浅析孤独症儿童音乐教育的意义[J]. 黄河之声, 2009(19): 106-107.

[48] 易晓辉. 关注特殊儿童音乐教育[J]. 大众文艺(理论), 2009(10): 181.

[49] 彭丹丹. 特殊儿童音乐教育意义探寻——以视觉障碍儿童为例[J]. 科教文汇(中旬刊), 2009(08): 56-57.

[50] 姚沛彤. 浅论残障人的音乐教育——音乐和特殊教育中人的需求[J]. 吉林省教育学院学报(学科版), 2009, 25(01): 93-94+92.

[51] 马世雯, 徐建德. 音乐教育对特殊儿童成长的影响[J]. 云南民族大学学报(哲学社会科学版), 2008(06): 66-69.

[52] 姚聪燕. 音乐治疗在智障儿童教育康复中的作用[J]. 中国特殊教育, 2007(05): 19-23.

[53] 贾磊. 音乐在特殊教育中的理论与实践研究[D]. 哈尔滨: 哈尔滨师范大学, 2013.

[54] 信慧爽. 沟通心灵的天籁: 视觉障碍儿童特殊音乐教育开展研究[D]. 石家庄: 河北师范大学, 2013.

[55] 李坤. 视障儿童音乐教育探究[D]. 石家庄: 河北师范大学, 2013.

[56] 杨淇雅. 试论我国特殊音乐教育师资培养中存在的几个问题[D]. 长沙: 湖南师范大学, 2015.

[57] 赵钰. 特殊音乐教育: 听力障碍儿童律动课现状调查分析[D]. 武汉: 华中师范大学, 2015.

[58] 宋阳. 浅谈智障儿童的音乐教育[D]. 曲阜: 曲阜师范大学, 2012.

[59] 连赟. 中国特殊音乐教育: 历史与现状研究[D]. 南京: 南京艺术学院, 2010.

[60] 刘英曼. 音乐教育对自闭症儿童身心影响的调查与研究[D]. 石家庄: 河北师范大学, 2010.

[61] 谢燮. 智障儿童音乐教育的价值及教学策略研究[D]. 长沙: 湖南师范大学, 2008.

[62] 滕飞. 浅论智障儿童的音乐教育[D]. 曲阜:曲阜师范大学, 2007.

[63] 胥珊珊. 特殊音乐教育方法指导下的自闭症儿童个案研究[D]. 上海: 上海音乐学院, 2016.